青少年
教育宝典

好好说话，做朋友圈中的“万人迷”

NO LANGUAGE
NO ACCESS

迟晚晚 著

中国和平出版社
China Peace Publishing House
北京

图书在版编目（CIP）数据

好好说话，做朋友圈中的“万人迷”/ 迟晚晚著.
-- 北京：中国和平出版社，2021.1（2023.10重印）
（青少年教育宝典）
ISBN 978-7-5137-1825-7

Ⅰ.①好… Ⅱ.①迟… Ⅲ.①成功心理—青少年读
物 Ⅳ.①B848.4-49

中国版本图书馆CIP数据核字(2020)第131257号

青少年教育宝典 好好说话，做朋友圈中的“万人迷” 迟晚晚 / 著

编辑统筹 张春杰
责任编辑 肖惠蕾
责任印务 魏国荣
出版发行 中国和平出版社（北京市海淀区花园路甲 13 号院 7 号楼 10 层 100088）
www.hpbook.com hpbook@hpbook.com
出 版 人 林 云
经 销 全国各地书店
印 刷 湖北鄂南新华印刷包装股份有限公司
开 本 880mm×1230mm 1/32
印 张 4.75
字 数 146 千字
版 次 2021 年 1 月第 1 版 2023 年 10 月第 2 次印刷
书 号 ISBN 978-7-5137-1825-7
定 价 118.80 元（全 6 册）

前言
Foreword

在这个世界上，人人都会说话，但是并不是每个人都懂得说话。

如果把说话当作一门艺术，你会渐渐发现，在现实生活中，那些说话得体动听的人，总能收获很多志同道合的朋友，而那些因为不懂得人情世故而口无遮拦的人，会让人退避三舍。

你是一个会说话的人，还是不会说话的人？

作为一名青少年，也要学会“好好说话”，因为说话这门艺术，不仅可以体现一个人的智慧和涵养，更重要的是，它关乎一个人的一生，所以，学会“如何说话”“在什么场合说什么话”，对于青少年来说，也是十分重要的。

做一个讲礼貌、懂礼节的少年。

初次见面时，要给他人留下一个好的印象。知道什么话该说，什么话不该说，如果你不知道这话该说还是不该说，那就做一个听众吧！不敷衍，不插言，在表达自己的观点时也要顾及对方的情绪，学会说话留三分，才是聪明人。

对他人的称呼要合情合理。在称呼长辈时，要用“您”，同时，记得把“您好”“谢谢”“打扰了”这些敬语挂在嘴边。如果他人让你感到不快，也不要恼羞成怒，破口大骂，尝试着用春风化雨般的口吻同对方交谈，你的真诚，会感动一切。

做一个懂得尊重他人的少年。

永远不要拿别人的痛处开玩笑。要知道，没有十全十美的人，每个人的身上都有属于自己的特质。在拒绝他人的时候也是如此，即便对方提出了无礼的要求，也无需急于表达自己的不满。

学会站在对方的立场思考问题，只有想他人所想，才能从根本上增进双方的感情，即便是对最亲近的人，也要给予基本的礼貌和尊重。敢于认错，敢于改错。小心你的强势会让所有人对你敬而远之。

做一个乐观且温暖的少年。

当你感受到了他人对你的温暖，也不要吝啬自己的爱，向需要帮助的人伸出援助之手，很多时候，你的无心之举，会成为黑暗中的一束亮光。永远保持一颗谦逊、乐观的心，做一个温柔且可爱的人，你也会变得越来越快乐。

当你陷入了困境，也不要忘记自己的初心，没有什么问题是努力解决不了的，放下那颗浮躁的心，用善于发现美的眼睛看世界，世界就会变得与众不同。

当你明白了这些道理，那么祝贺你，亲爱的少年，你不仅懂得了如何说话，你还明白了如何做人。时间会证明一切，它会告诉你，这个世界，是那么可爱，而你，就是最耀眼的那束光。

目录
Contents

第一章 一开口，就让所有人都喜欢你

1 初次见面，你通常会做怎样的开场白？
5 如果你不知道说什么，那就做个听众吧！
9 拜托，不是每个人都喜欢吃甜食
11 找到共同语言，才能抓住对方的心
15 打断对方的话，是不礼貌的行为
19 说话留三分，才是聪明人
22 实事求是，千万不要把芝麻说成西瓜

第二章 这些细节，会让你在朋友圈中更讨喜

27 对他人的称呼要合情合理
30 这样拒绝他人，才不会让对方难堪
34 眼中带笑，心情也会变得明朗起来
37 即使是批评，也要顾及对方的情绪
40 “你好”“对不起”“谢谢”
44 那些你不知道的“身体语言”
47 尊重是相互的，不要拿别人的痛处取乐

第三章 敢于沟通，不做他人眼中的“胆小鬼”

51 敢于说话，克服“说话恐惧症”
54 亲爱的，任何人都有表达自我的权利
57 谁都有缺陷，没有人会笑话你
61 如果他人用言语侵犯了你……
64 偶尔保持沉默，并不代表一直忍气吞声
67 最怕的，就是一个人胡思乱想
70 不必模仿他人，塑造属于自己的人格魅力

第四章 高情商，助你搭起友谊的桥梁

73 即使是好闺蜜，也有为一颗糖拌嘴的时候
77 点到为止，不要一味强调说“你错了”
80 把“意见”改成“建议”
83 这个世界上没有一朵花，是不希望被赞美的
86 小心，你的强势只会让人敬而远之
89 道听途说的事情，还是烂到肚子里吧
92 嘘！制造只属于你们的“小秘密”

第五章

幽默是一种智慧，它会让你变得更有趣

96 把自己逗笑，别人才会跟着笑
100 在开玩笑面前，要时刻保持理智
104 正话反着说，语言游戏会让谈话变得有趣
107 敢于分享自己的“糗事”
111 笑着化解困境，好过哭着陷入困境
114 幽默不是口无遮拦，而是大智若愚
117 人生苦短，学会自己寻开心

第六章

用真心换真心，人人都会成为“万人迷”

121 最难的是，站在对方的立场思考问题
124 遇事别浮躁，耐心更重要
127 忍一时风平浪静，吃点儿小亏也无妨
130 先小人后君子，话一定要说明朗
133 你为什么一定要说谎?
136 温柔一点儿，谦虚一点儿，可爱一点儿
140 学会表达，你就会拥有整个世界的快乐

内容简介

陈语嫣调皮好动，性格大大咧咧，因为口无遮拦，和最好的朋友兰诗雅“闹翻了”。意识到了问题的严重性，她主动向亲哥哥陈羽航请教经验，在陈羽航的帮助和建议下，她缓解了和兰诗雅之间的矛盾，结交了新朋友李艾米，还帮助了同学孟婉秋克服了“说话恐惧症”，撮合了双胞胎周周和周晓周之间的关系，成为了班级里的“交际大师”。

第一章
一开口，就让所有人都喜欢你

初次见面，你通常会做怎样的开场白？

陈语嫣，女，十四岁，是一名初一的新生。

她是一个彻头彻尾的“直肠子”——说话直，办事直，就连一头天生自来卷的长发也到理发店里拉得直直的。与之相比，她的亲哥哥陈羽航就稳重多了，虽然他只比陈语嫣大三岁，但无论是为人还是处世都游刃有余，还被朋友们称为“交际大师”。

所以，陈羽航常常为陈语嫣的交际问题花心思。

这不，天才蒙蒙亮，陈羽航就把陈语嫣从被窝里拽起来问话：“陈语嫣，昨天晚上我和你说的那些话，你都记住了吗？”

“记住了……”陈语嫣打着哈欠，拉长了尾音。

陈羽航将整个身子倚靠在墙壁上，双臂抱在胸前，不依不饶：“那好，你重复一遍我昨天说过的话，说对了，我就让你再睡十分钟。”

“啊？”陈语嫣依旧处于游离状态，“你昨晚……说了什么……”

“唉……”陈羽航恨铁不成钢地深叹一口气，“我就知道会这样，说了也是白费口舌！老妹，我告诉你，你现在是一名中学生了，中学生意味着什么？意味着你要更加独立，更加自主，更加懂得如何待人接物。今天是开学的第一天，我劝你最好悠着点儿，免得和同学发生不愉快。”

“知道了，”陈语嫣不耐烦地摆摆手，“你不就是让我管好自己的嘴巴，少说话，多做事吗？”她又嘀咕了一句：“我又不是三岁小孩，这些鸡毛蒜皮的小事用不着你来教我……”

可事实真的如此吗？

未必。

初一（1）班的教室里，同学们端端正正地坐在课桌前，在赵老师的主持下轮流上台做起了自我介绍。只见坐在陈语嫣前排的女孩子轻手轻脚地走上了讲台，她皮肤白皙，眉眼俊俏，高高扎起的马尾辫显得她格外干净利落，除此之外，她的声音也非常动听：“大家好，我叫李艾米，从今天开始，我们就是一个班级里的同学了，是缘分让我们聚在了一起，希望在以后的日子里，我可以和大家成为好朋友，还请多多指教，谢谢。”

李艾米说完这番话，顿时班级里响起了热烈的掌声，可殊不知，当轮到了陈语嫣做自我介绍的时候，却变成了另外一个画风……

只见陈语嫣大大咧咧地走向讲台，还没说话，就拿起粉笔在黑板上写上了“陈语嫣”这三个字。随之，她转过身，不顾同学们诧异的目光直截了当地道：“我叫陈语嫣，这是我的名字。我最讨厌别人写错我的名字，尤其是‘嫣’，‘姹紫嫣红’的‘嫣’。”说罢，她径直走回了座位，继续玩起了她精心修剪的指甲。

直接的开场白和霸道的口吻，让周围的空气一瞬间凝结成冰，直至三秒钟后，班里才响起了稀稀落落的掌声，可是陈语嫣却满不在乎，不但如此，她还翻了一个大大的白眼，心里想着这些同学可真没有礼貌。

下课后，一个身材娇小，长着一张讨喜的娃娃脸的女生——兰诗雅，走到了陈语嫣的书桌边。“喂！你刚刚是怎么回事？”说着，她甩了甩一头短发，“你的自我介绍也太‘雷人’了！可以说是前无古人后无来者，让我大跌眼镜。”

“我觉得挺好，我的开场白直接、简单、通俗易懂。”陈语嫣撇撇嘴，抬眼看向兰诗雅，话里有话，“总比某些人说话拐弯抹角的好，还说什么‘和大家做朋友，多多关照’这种话，真是做作。”

“你是说李艾米？”兰诗雅下意识地看向前排的空位，压低了声音，“我觉得她说话滴水不漏，娓娓动听，一定是一个聪明伶俐的女孩子。”说着，她指了指走廊窗口的方向：“你看，这才刚一开学，她就结识了很多朋友，大家都喜欢和她这样的女孩子做朋友。”

“我才不稀罕。”陈语嫣一脸的嫌弃，就好像李艾米得罪了她一样，“我中午就向老师申请调座位，我才不要坐在她的后面呢！我要和你坐同桌，毕竟在这个班级里，除了你，我谁都不认识。”

“你啊，还是老样子，一意孤行……”兰诗雅无奈地摇摇头，“我倒是觉得，你应该趁着新学期、新气象，改变一下自己的性格，至少在说话方面，不要那么……”

“那么什么？”陈语嫣冷言冷语道。

“那么咄咄逼人，”兰诗雅想了半天，才想出了一个贴切的成语，“就好比刚刚的自我介绍，想要给同学们留一个好印象，就要懂得如何组织自己的语言，你要知道，初次见面时的开场白，给人的感觉是最直接的，也是最重要的。”

“所以，我要像李艾米一样，说一些违心的话？我都不了解新同学，为什么一开口就要和他们套近乎？再说了，我的名字本来就很难写，我直截了当地写出自己的名字，难道还不够真诚？”陈语嫣大为不解。

“那不是套近乎，那是礼貌和尊重，也是表明态度的一种方式。”兰诗雅立即纠正，“就算是你不想那么早和同学们交朋友，至少也要顾及别人的想法，让他人觉得舒服吧？再退一万步来说，即使你不在意他人的想法，也要给自己留一条后路，毕竟尊重是相互的，不给自己争取一个好的印象，以后怎么和同学们和平相处？”

兰诗雅动之以情，晓之以理，说得头头是道，可是听在陈语嫣的耳朵里，却变得极为刺耳：“说一千道一万，你还是觉得我的自我介绍不如李艾米的好，不！准确来说，是不如任何一个同学好，对吧？”

面对陈语嫣的质问，兰诗雅说“对”也不是，说“不对”也不是，顿时陷入了两难的境地：“语嫣，你别见怪，我说这些是为了你好，我担心你还像小学时那样，总是因为说话而得罪人。”

“你说的话怎么和我哥说的话一模一样？”陈语嫣不满地皱起眉头，“他今天早上还教育了我一番，让我少说话、多做事，你们两个人真是越来越像了，或许你们才是真正的兄妹……”

“羽航哥哥？”兰诗雅立即露出了一副“花痴”相，只是一想到陈羽航已经成了高中生，她的眸子又黯淡了下来，“你的哥哥既帅气，学习成绩又好，性格又那么温和，如果他晚出生一年就好了，我们就可以在一个中学读书了。”

“现在这样最好，我才不想和他在同一个中学读书呢，抬头不见低头见，他一定会把我管得死死的。”说完这句话，陈语嫣猛地倒吸了一口凉气，“兰诗雅，你该不会是我哥派来的间谍吧？”

“怎、怎么可能！”兰诗雅哭笑不得地摆摆手。“我和羽航哥哥才见过三次面，连联系方式都没有，我怎么可能是他的间谍呢？”话说到这儿，她禁不住言归正传，“我们之所以对你啰里啰唆，其实都是为了你好……”

“又来了……又来了……”陈语嫣做了一个“暂停”的手势，“这个话题到此为止，今天，不！以后我都不想再听到了！”

面对陈语嫣的霸道，兰诗雅习以为常地耸耸肩，“好吧，你开心就好！”

如果你不知道说什么，那就做个听众吧！

傍晚，当晚霞退去之后，天边出现了一片铅灰色——袅袅炊烟和压低的雾霭交相辉映，勾勒出了油画般清冷的色彩，连风都带着丝丝的凉意。乍看之下，很像是电影中的画面。

此时此刻，坐在床边的陈语嫣打了个寒战，随之，她起身关上了窗户，这才想起自己没有吃晚餐。“哥？”她拖着步子缓缓走到厨房，见陈羽航将挂面下到了锅里，便不由自主地皱起了眉头，“又吃挂面，你能不能做点儿别的……”

“那——方便面？”陈羽航开了一个玩笑，“咱爸咱妈都加班，我又不会做菜，有的吃就不错了，别那么挑剔。”

“唉——人家还在长身体的时候呢，”陈语嫣嘟着嘴一屁股坐到了沙发上，“再说了，咱俩一周七天有四天吃挂面，这也不是办法啊！”

似乎是不想继续这个话题，陈羽航反问道：“今天和新同学相处得怎么样？交到朋友了吗？”

“别提了！”陈语嫣摆摆手，“我发现我们班级的女生个个都是‘奇葩’，有的喜欢追星，有的喜欢嘻哈，还有的喜欢占卜，剩下几个稍微正常一点儿的女生，不是抱着书看个不停，就是追在老师屁股后面做‘马屁精’，最夸张的是坐在我前面的李艾米，她竟然送给同学一人一支棒棒糖，你说奇怪不奇怪？”

陈语嫣一字一顿，说得气鼓鼓，但陈羽航却差点儿笑出声。“你们班级的女同学个个性格迥异，可真逗趣。”他看着陈语嫣问，“那你呢？你都做了些什么？”

“我？当然是做我自己了！”提起这一茬，陈语嫣得意起来，“你知道吗？今天下午我可扬眉吐气了一回。当时，好几个女生围在一起讨论她们喜欢的明星，刚好她们说的那个女明星我也认识，她们还夸她‘美若天仙’，我一听这话，立马说了一句‘她的鼻子是假的’，你不知道，她们愣住的表情有多可笑！”

陈语嫣连说带比画，一脸的兴致勃勃，说到最后，还捂着肚子咯咯咯地笑出了声。见况，陈羽航叹了一口气：“陈语嫣啊陈语嫣，你可真是口无遮拦，什么话都敢说，一点儿都没变。”

“这有什么？更好笑的还在后头呢！”说着，陈语嫣站起身，走到了厨房门口，“后来，她们干脆不说明星了，改说这段时间热播的电视剧。她们一共四个女生，有两个女生喜欢男一号，另外两个女生喜欢男二号，她们都说最后女主角会和自己喜欢的男生在一起，我觉得莫名其妙，就当场泼了她们一桶凉水……”

“你说什么了？”陈羽航停下了手中的动作，等待着陈语嫣的下文。

只见陈语嫣得意扬扬地抖抖脚，说：“我和她们说，你们在这里争论个不停有什么用？电视剧早就拍完了，女主角最后跟谁在一起，那是编剧和导演说了算，不是你们说了算，你们真是皇上不急太监急。当时她们就无话可说了。”说到这儿，她挑了挑眉。

听到这儿，陈羽航无奈地摇了摇头：“你这个丫头，什么时候才能改掉你口无遮拦的坏习惯，做一个称职的听众呢？”

“称职的听众？”陈语嫣一脸疑惑地重复了一遍。

陈羽航一时之间不知如何解释，他想了想说：“简单来说，就是当别人在交谈的时候，如果话题没有牵扯到你，你又不知道什么该说，什么不该说，那最好的选择就是做一名听众。”

“你早这么说，我早就明白了。”陈语嫣撇撇嘴，“少说多听，你天天挂在嘴上，我的耳朵都生茧子了。”

“可是你依然没有学会‘听’，反之，你一直在‘说’。”陈羽航苦口婆心，“如果我是你，我绝对不会在别人谈论他们钟爱的话题时泼人冷水，即使有不同的见解，我也不会当着所有人的面发表，而是会用心去理解对方的思想。”

“太小题大做了吧？”陈语嫣不理解，“就算是听，我也是左耳进右耳出，什么‘用心去理解对方的思想’，我根本不可能做到。”

“这就是你的不对了。”陈羽航边说，边盛出煮好的挂面，麻利地淋上一层炸酱，端到了餐桌上，“你要学会养成良好的听话习惯，无论听任何人说话，都要专注、认真，用心去理解对方说的每一句话，当明确地知道对方想要表达的是什么，才能在第一时间做出回应。”

“你不是不让我说话吗？现在又让我在第一时间做出回应，自相矛盾。”说罢，陈语嫣坐到了餐桌前，对着热腾腾的面吹了吹。

陈羽航笑着娓娓道来：“说你笨，你还真笨！所谓的‘回应’，并不是口无遮拦想到什么说什么，而是结合实际情况，做出适宜的反应。比如适度地点头或是微笑，这实质上就是在发出一种信号，让对方知道你在认真聆听他说的话。还有，你要懂得察言观色，当对方讲述一些悲伤的事情时，你的神态也要根据对方的语境进行改变，这就是所谓的用‘心’聆听。”

听到这儿，陈语嫣懵懂地眨眨眼睛：“没想到‘听’还有什么多的讲究，比‘说’还要复杂。”

“你不知道的事情还多着呢！”陈羽航递上了筷子，慢条斯理地说道，“你呢，总是感情用事，很容易因为对方自身的特质或是观点的不同感到反感和排斥，从而导致插言、反驳他人的现象频频发生。作为一个听众，你应该心平气和地听别人说话，这才是建立和谐沟通的关键。至少，你要耐心地听别人把话说完，这是做人最基本的礼貌。”

话讲到这儿，陈语嫣早已经没有了反驳的余地，见陈羽航盯着她看，她不自在地用手摸了摸自己的脸：“看什么？我的脸上又没有你爱吃的水煮肉片。”

只听陈羽航道：“我只是在想，你刚刚表现得还不错，我说了那么多，你都没有插话，比起以往的你，有很大的进步。”

“才不是呢，我是饿了，懒得说。”说罢，陈语嫣挑起面塞到了嘴巴里，可能觉得烫，她下意识地吸鼻眨眼，模样很是滑稽。只是陈羽航不知道，在陈语嫣的内心深处，她也为今天所做的一切感到了一丝愧疚，只不过，她嘴上不说罢了。

拜托，不是每个人都喜欢吃甜食

陈语嫣的同桌是一个喜欢吃甜食的男生，叫王子洋。他的个子不高，却有着大大的肚腩，用他自己的话来说，他的肚子里装的都是蛋糕和点心。

这天中午，只听王子洋又滔滔不绝地讲起昨晚吃的甜甜圈：“我从来没有吃过那么好吃的甜甜圈，我一口气吃了五个，到今天早上胃还发胀呢！”他见陈语嫣没反应，便接着道：“你知道甜甜圈的由来吗？相传在1940年，格雷船长非常喜欢吃妈妈炸的面包，可是他发现妈妈每一次炸完面包，面包最中间的部分总是熟不透，于是格雷船长的妈妈突发奇想，将面包中间的位置挖空，因为是一个圈，就起名为甜甜圈。”

听到这儿，趴在课桌上打瞌睡的陈语嫣慢慢睁开眼：“你说完了吗？”

“当然没有！”一提到甜食，王子洋就像是上足了发条的钟表，不知疲惫，“你知道菠萝包为什么叫菠萝包吗？其实菠萝包源自香港的一种甜味面包，在经过烘焙之后，它的表面呈金黄色，又因为看起来凹凸不平像菠萝的表面，所以取名为菠萝包。重点是，菠萝包里是没有菠萝的。”

“就像是鱼香肉丝里没有鱼，夫妻肺片里没有夫妻，红烧狮子头里没有狮子，虎皮尖椒里没有虎皮，丝袜奶茶里没有丝袜的道理一样……”

这时，陈语嫣不满地皱起眉头：“王子洋，你除了甜食，能不能说点儿别的，哪怕是讲个冷笑话也好。”

“冷笑话？”王子洋想了想，还真想到了一件有趣的事，“有一天，我跟我妈一起去甜品店里买蛋糕，当时我看中了一款巧克力慕斯蛋糕，可是店员却说‘今天所有的蛋糕都被预订了，没有蛋糕’，结果你猜我说了句什么？我竟然说了一句‘那我换成奶油蛋糕’……哈哈哈……”

似乎是戳中了自己的笑点，只见王子洋捂着肚子笑个不停，相比之下，陈语嫣就显得淡然得多。她自顾自地起身，径直找到兰诗雅，对着她道：“我不行了，我快要疯掉了。”

“怎么了？”兰诗雅放下了手中的日记本，转身看向王子洋，“你们……吵架了？”

“没有。”陈语嫣摇摇头，“只是他的脑子里全部都是甜点，开口是甜点，闭口是甜点，就连讲个笑话还是和甜点脱不开关系，他吃不腻，我都听腻了！我现在一听到甜点我就反胃……”

谁知听到这儿，兰诗雅却没心没肺地笑出了声：“真是有趣！你的同桌太有趣了！”

“有趣？呵！”陈语嫣冷笑一声，“有趣，那送给你好了。真后悔我当初听了你的话，没有让赵老师给我调座位，现在都快一周了，就算是我想要调，我也找不到合适的理由了。”

“我劝你啊，还是放宽心吧！王子洋只是喜欢甜点而已，除此之外，还是很懂礼貌的，不像我的同桌，蛮横无理，目中无人，上一次他还在课堂上偷嚼口香糖，实在令人讨厌……”说到这儿，她停了一下，继续道，“我给你出个主意，下一次他滔滔不绝地讲他的甜品时，你就和他实话实说。”

“说什么？”陈语嫣眨眨眼，等待着兰诗雅的下文。

“你就直接和他说，你不是很喜欢甜点，能不能找一个两个人都感兴趣的话题。”说罢，兰诗雅点点头，“我觉得王子洋不是那种自私的人，他之所以总是和你提起他喜欢的甜点，其实是抱着分享的态度，如果他意识到了自己的错误，他一定会改正的。”

这是一个好主意，只不过陈语嫣还真就有些不太好开口，直至隔日的下午，当王子洋再一次和她提到‘苹果派的由来’时，她才深吸一口气，硬着头皮道：“王子洋，你知道吗？我忍你很久了，拜托你，能不能不要总是谈论你钟爱的话题，其实，我对甜点一点儿都不感兴趣。”

不可一世的口吻，加上冷嘲热讽的眼神，顿时吓得王子洋一哆嗦。“真、真的吗？”他的眼眶都红了，“对不起，我只是……只是想要和你分享我喜欢的东西……没想到，没想到……”

或许是意识到了自己态度恶劣，陈语嫣强忍着心头的不快，放轻语调说：“我没有恶意，只不过，你的行为确实让我非常恼火。”

“对不起。”王子洋又重复了一遍，接着，他手足无措地往旁边挪了挪，“我、我会注意的，你别生气。”

说实话，这并不是陈语嫣想要的结果，她只是希望可以平和地解决这个问题，可是话到了嘴边，说出口就变了味儿，对此，她也很无奈。好在王子洋及时意识到了自身的问题，从那天开始，他只是偶尔向陈语嫣提到甜点，再也不滔滔不绝地说个不停了。

找到共同语言，才能抓住对方的心

时间如白驹过隙，一眨眼的工夫，已经开学两周了。

经过了与新同学十几天的磨合，陈语嫣越发觉得，交朋友是一件极其困难的事情，所以，从始至终，她只有兰诗雅一个好朋友。只是人比人，气死人，坐在她前排的李艾米，不仅和全班的绝大部分同学成了朋友，还和隔壁班的几个女生成了朋友，这让陈语嫣大为不解。

这天午休，陈语嫣特地跑到了图书馆，找到了正在借阅图书的兰诗雅。她说：“你说到底是怎么回事，为什么全班同学都像着了魔一样喜欢李艾米，难道是李艾米会给人下蛊？施了咒语不成？”

“别胡说八道！”兰诗雅看了看四周，见并无旁人，便压低了声音道，“这个世界上根本就没有咒语。”

“那你说是怎么回事？我实在是想不明白。”说到这儿，陈语嫣后退了一步，“兰诗雅，你该不会也喜欢李艾米吧？”

“还行，李艾米既有礼貌，又温柔热情，我对她的印象还不错。”兰诗雅一五一十地道，“她不知道从哪里听说我会弹钢琴，便主动把她珍藏的一本钢琴乐谱借给我复印，这是我从来都没有想到的。”

“糟了！糟了！”陈语嫣跺了跺脚，“就连你也被她下了蛊，看来，她真的会咒语！”

“又来了……”兰诗雅无奈地摇摇头，口吻一如既往地波澜不惊，“李艾米受人欢迎，确实是有原因的，但并不是因为她会咒语，而是她懂得寻找跟他人的共同语言。就好比我和她，我们本是两条平行线，根本就没有交点，但她却主动和我探讨起了音乐，让我觉得我和她之间是有共同语言的。”

“所以，你们现在已经是好朋友了？”陈语嫣又问。

“算是朋友，但和你相比，关系还是差了点儿。”说罢，兰诗雅嘿嘿一笑，“怎么了，吃醋了？”

“才不是呢，我只是好奇，好奇她究竟有什么魔力……”

陈语嫣的话还没说完，一个人就推开门走了进来，来者不是别人，正是她谈论的对象——李艾米，陈语嫣急忙转过身，装作没看见。

与此同时，只听兰诗雅主动和李艾米打了声招呼，“你好，好巧。”

“是啊，真巧！”李艾米边笑着，边一路小跑来到了兰诗雅的身边，见陈语嫣也在，她问道，“语嫣，你平时喜欢看什么类型的书？或是……你可以推荐给我你喜欢的书吗？我正愁找不到好看的书呢！”

似乎是意识到李艾米主动和自己“套近乎”，陈语嫣清了清喉咙，莞尔一笑，“抱歉，我不喜欢看书，我只是在陪我的好朋友兰诗雅借书。”

陈语嫣刻意把“好朋友”这三个字加了重音，明眼人都明白她是什么意思，可李艾米却不以为意地说：“对了，我听说你们在小学就是同班同学，真羡慕你们的缘分，不像我，我因为搬家，身边没有一个熟悉的人，只能重新结识新的朋友。”

“好在，你现在已经有了很多朋友，应该不会感觉到孤单了吧？”说这话的时候，陈语嫣阴阳怪气的，好像是话里有话。

“啊，是，大家都对我非常友好。”李艾米尴尬地笑了笑，再一次把话语权让给了陈语嫣，“语嫣，你平时都喜欢做些什么？音乐？美术？还是书法？我很喜欢小动物，我们家还养了一只小博美，你喜欢吗？”

殊不知陈语嫣连想都没想，就脱口而出了一句：“抱歉，我什么都不喜欢，我只喜欢睡觉。”

“睡、睡觉？”李艾米咽下了因为不安而滋生的口水，“我妈妈说，充足的睡眠不仅会让大脑变得睿智，还会让皮肤变得越来越好。我平时喜欢喝咖啡，所以我的睡眠质量很差，看来，以后我要戒掉咖啡，向你学习了。”

李艾米的回答简直是无懈可击，三言两语就和陈语嫣建立起了共同话题，可是固执的陈语嫣不领情，她说不过李艾米，干脆三十六计走为上。她不顾站在原地的李艾米，对着兰诗雅道：“我先走了，教室见。”

看着陈语嫣渐行渐远的背影，兰诗雅一脸的窘态：“你别见怪，陈语嫣的性格就是有些古怪，但她人非常好，接触久了你会发现，她够义气，也很乐于助人，是一个值得交往的朋友。”

“没什么，”李艾米笑着摇摇头，“大家都是同学，没有什么怪不怪的，要怪，就怪我至今没有找到切入点，无法和陈语嫣做朋友。”她垂下了眼帘，落寞地说道：“其实，我很想和她做朋友，但尝试了很多次，都没有成功……”

“这不怪你，我刚刚都看到了，你已经很主动了。”说着，兰诗雅会心一笑，“人和人的性格千差万别，就像是剥核桃一样，总有几个只有用锤子砸才能砸开，我刚认识陈语嫣的时候，如果不是和她做了半个学期的同桌，我也不会渐渐了解她，和她成为朋友。有的人啊，要慢慢磨，她才会对你打开心扉。”

听到这儿，原本心情有些低落的李艾米噗嗤一下笑出了声：“你把你的好朋友形容成核桃，小心她知道了会生气！”

“天知地知，你知我知，你不说我也不说，没有人会知道。”说到这儿，兰诗雅神神秘秘地凑近了李艾米的耳朵，小声地道，“我可以告诉你一个秘密，陈语嫣喜欢小动物，她做梦都想养一只小狗，但是因为她的父母太忙没有时间帮她照顾，所以一直拖到了现在……”

“真的假的？”李艾米惊奇地睁大了眼睛，“那她刚刚和我说她不喜欢……”

“她这个人，就像是长满了刺的刺猬，总是把自己缩成一团，以刺示人，但其实就是刀子嘴豆腐心。”说完这句话，兰诗雅对李艾米做了一个“嘘”的手势，“你可千万不要告诉她，是我告诉你她喜欢小动物的。”

“你放心吧！”李艾米做了一个“没问题”的手势，“有了这个‘法宝’，再给我一段时间，我想，我一定会和她成为好朋友的。”

打断对方的话，是不礼貌的行为

这天晚上，陈妈妈难得提早下班，给陈语嫣和陈羽航做了一大桌子菜。

当陈语嫣看到餐桌上有她最喜欢的红烧鱼时，她禁不住咽了咽口水：“妈，您总算是想起我们这两个苦命的孩子了，您知道吗？那个家伙天天给我下挂面，连个西红柿炒鸡蛋都不会做，照这样发展下去，以后他肯定找不到女朋友。”

“那你呢？”陈羽航听闻，走到了陈语嫣的面前，“连个炸酱面都不会做，长大以后肯定嫁不出去！”

见兄妹俩你一言我一语地斗起嘴来，陈妈妈觉得可气又可笑，她转身问陈羽航：“羽航，转眼间你已经成为高中生了，未来的规划想好了吗？想要学文还是学理？大学想要报考哪里？”

说实话，陈羽航是个品学兼优的少年，他对自己的要求向来都是全面发展，所以面对学文还是学理这个问题，他还真有些纠结。见况，陈语嫣插话道：“学理吧！以后当个数学家，或是当个物理学家，多威风啊！”

“哪有你想象的那么容易？那种职业可不是你想做就能做的，除了要有兴趣，还要刻苦和努力，”说着，陈羽航掰开手指头算了算，“按照我目前对于数学的理解，我估计还要再钻研个四十年……”

“四十年？”陈语嫣摇摇头，“那算了，你还是学文吧！当个作家，或是做个设计师，做个历史学家也不错。”

面对陈语嫣的天马行空，陈羽航只能无奈地笑笑：“究竟是你的未来？还是我的未来？为什么你一直在替我做决定？”

“我只是举一些例子，供你参考。”陈语嫣吐了吐舌头，终于不再说话了。

这时，只听陈妈妈接着道：“你说的对，学文还是学理，需要你自己做决定，学文有学文的好，学理有学理的好，看你怎么理解和把握了。”说着，她将热腾腾的米饭端上了餐桌，然后又叮嘱道：“咱们邻居江阿姨家里的孩子和你一样大，刚从外地回来，说要转到你们学校，到时候，你要多多照顾她。”

“啊？”陈语嫣猛地放下筷子，“男的女的？”

陈妈妈瞄了她一眼，漫不经心地回答：“女生。”

“女生？”陈语嫣嘿嘿一笑，“哥，那你要多照顾照顾了，我看电视里说，所谓的青梅竹马其实都是左邻右舍，说不定……”或许是觉得自己的想法有些突兀，她轻咳了一声，没有了下文。

与此同时，陈羽航不满地皱起眉：“陈语嫣，你的脑子里为什么每天都要想些乱七八糟的东西？邻里间本应该互相帮助，再说了，在你还没出生的时候，我和她就见过面了，我们算是‘旧相识’。”

“哦。”自知无理的陈语嫣低下头，看起来有些尴尬。

此时，陈妈妈道：“那孩子从小就聪明伶俐，能歌善舞，我听你江阿姨说，她有出国留学的想法。我还看了她现在的照片，大眼睛，瓜子脸，一身的文艺气质，说不定，将来能当个艺术家。”

听到这儿，陈语嫣禁不住道：“妈，你只是看了一张照片而已，就断定她能成为艺术家，这也太轻率武断了吧？说不定，她的照片是后期处理过的，实际上，她就是一个丑八怪……”

一如既往不屑的口吻，让陈妈妈顿时感到了一丝不悦。“陈语嫣，”她严厉地直呼陈语嫣的全名，“你不可以这样说话！还有，我在跟你哥说话，你可不可以不要打岔？”

“我只是发表我的想法而已，”陈语嫣眨眨眼睛，不以为然，“书上说，做人要善于表达，敢于表现，有问题就问，有想法就说，我又没说错。”

“那是基于礼貌的原则之上，”陈羽航接着道，“书上还说，总是喜欢打断别人说话，这种爱表现的心理其实是一种消极的情绪，如果不管不顾，任其发展下去，会造成不可预知的后果。”“什么后果？”陈语嫣歪着脑袋，完完全全一副“等着接招”的样子。

“第一，造成性格的扭曲。”陈羽航一字一顿，没有丝毫的惧怕，“急于表达自己的观点，而不吸取别人意见的人，很容易养成自大自满的性格。他们把这种性格当作个性，总是沾沾自喜自己的能力，其实不然，在虚荣心的驱使下，他们通常会高估自己的能力，最后，酿成大祸。”

见陈羽航说得头头是道，陈语嫣一时之间不知道如何反驳，只听她道：“就这一个？还有呢？”

“还有，这种消极的情绪会蒙蔽人们的双眼，让人看不清真相。”陈羽航对答如流，“总是喜欢打断别人说话的人，他们最看不得别人超越自己，这种善妒的心理，会导致这类人越来越不自知，甚至为了达到目的不择手段，害人害己。”

“这么夸张？”陈语嫣啧了一声，“我觉得你夸大其词，说假话。”

“夸张的还在后面呢！”陈羽航不顾陈语嫣的白眼，继续说。“因为善妒，所以这类人会变得善恶难辨，他们丧失了正确的是非观，常常因为想要证明自己而失去理智，甚至有暴力倾向，最严重的，会影响到身心健康，比如会出现睡眠障碍，甚至引发精神疾病。”说到这儿，陈羽航抿了一口凉白开，“不以恶小而为之，不以善小而不为，不要小瞧一个小小的细节，很多时候，正是这些小小的细节，才塑造出每个人不同的性格，也正是因为这些小小的细节，才会有善恶之分。”

不得不承认，陈羽航说的这番话很有道理，尽管听在陈语嫣的耳朵里有点儿刺耳，但也是无法反驳的真理。或许是意识到刚刚自己的插言确实有些失礼，只见陈语嫣尴尬地一笑，摆了摆手：“哥，吃饭还搞得那么严肃，这就是你的不对了。”

“哈？”陈羽航一愣，“你这就把‘球’踢给我了？我有点儿措手不及呢！”

“你是我哥，不踢给你，我踢给谁？”说罢，陈语嫣为陈羽航双手递上了筷子，“大学问家，您请。”

“啊？好……”陈羽航犹豫着接下筷子，于是，这一话题就告一段落了。

说话留三分，才是聪明人

周周和周小周是一对双胞胎，只不过她们这对姐妹花的关系并不是太好。

妹妹周小周活泼开朗，平日里总喜欢幻想，最大的梦想是嫁给童话中的白马王子。相比之下，姐姐周周的性格就有些古怪，她敏感、多疑，总是以自我为中心，因为人缘不如妹妹好，所以一直以来，她都把周小周当作眼中钉。

好巧不巧，这两个平日里抬头不见低头见的“小冤家”，竟然在中学的时候被分到了同一个班级，为了不打扰对方的生活，她们一个坐第一排，一个坐最后一排，有时候一整天都不说一句话。

这天在走廊上，周小周一个人靠在窗边叹气，兰诗雅见况，凑上前去问道：“怎么了？你姐姐又欺负你了？”

“你看……”周小周将捂在校服裤子侧面的手移开，猛地，一大块墨痕映入眼帘，乍看之下非常醒目。

“怪不得你一整天都魂不守舍地捂着裤子，就连体育课也请了假，原来是因为它？”说着，兰诗雅撇撇嘴，“你也太不小心了吧？怕就怕，这块污渍永远都洗不掉了，它还要跟着你三年呢！”

“这不是我弄的……”周小周委屈地嘟起嘴巴，道出了实情，“昨天晚上我的校服裤子还好好的，可是今天早上它就变成了这样，我总不能不穿校服来上学吧？没办法，我只能这样遮遮掩掩的……”

听到这儿，机灵的兰诗雅倒吸了一口凉气。“你的意思是说，有人故意把你的校服裤子弄脏的？”第一时间，她就想到了周周，“该不会是你的姐姐吧？今天早上我见她神清气爽的，她还主动和我打了招呼，可真稀奇！”

“可能吧……”周小周难堪地一笑，“我没有证据，但是，我昨晚的确看到她给钢笔加墨水……”说到这儿，她又用手捂住了墨痕，吱唔道：“或许，她不是有意的……”

“墨水平白无故地弄到了裤子上，而且还是这么大一片，你和我说她不是有意的？”兰诗雅气得直跳脚，“周小周，你也太好欺负了吧！”

“她是我的亲姐姐。”周小周抬起头，“我能怎么办？”

“即便是家人，也不能总这样忍气吞声，就拿昨天的事情来说，我亲眼看到她把你的试卷藏了起来，可是你却假装什么都没有发生，又到老师那儿领了一张，如果换作是我，我肯定会找她算账的！”说罢，兰诗雅又跺了跺脚，“不行，我要帮你讨个说法！”

“别！”周小周急忙拦住了兰诗雅，“事情已经发生了，难道，你希望我们姐妹俩的关系变得更僵吗？”

“我……”兰诗雅停下脚步，“我只是不忍心看到你被你姐姐欺负，她这么做，真的太过分了。”

“是挺过分的。”不知道在什么时候，王子洋走到了周小周和兰诗雅的身边，只见他挠挠头，不好意思地笑了笑，“真是抱歉，我不小心听到了你们的对话，但是，今天早上帮老师收作业的时候，我就已经看到你裤子上的污渍了，我见你一路用手遮遮掩掩，就猜出了个大概。”

听到这儿，周小周急忙做了一个“嘘”的手势，示意王子洋不要声张：“这是我和姐姐之间的事，你可千万不要插手啊！”

“我不会多管闲事的，但是我觉得，这件事必须要解决。”说着，王子洋看向兰诗雅，“但是，绝对不能像你一样火急火燎地找当事人讨说法，要知道，周周的脾气就像是煤气罐——一点就着。如果她不承认还倒打一耙，最后受伤的还是周小周。”

似乎是觉得王子洋说的有几分道理，兰诗雅强忍着心中的怒气，开口问道：“那你说，怎么做才是上上之策？”

“依我看，这件事情可以‘点到为止’，既要让周周知道周小周发现了她的‘小把戏’，又要顾及两个人的面子，最大限度避免这件小事扩大。”说着，王子洋问道，“周小周，你们两个人的身高体重看起来都差不多，穿的衣服应该都是一样的码数吧？”

“对，一样的。”周小周回答。

“那么，平时你们是如何区分你们两个人的衣服的呢？难道你们有两个衣柜？”王子洋又问。

“我们只有一个衣柜，我的衣服放在左边，她的衣服放在右边，平时我们……”说到这儿，周小周顿了顿，“你的意思是……”

“就是你想的那样，”王子洋神秘地打了个响指，“你觉得怎么样？”

“是不错，我怎么没想到呢？”周小周看着一脸得意的王子洋说，“你可真聪明！”

面对两个人的一唱一和，站在一旁的兰诗雅只觉得一头雾水。“什么情况？”她眨眨眼，“你们两个人嘀咕些什么呢？什么方法？我怎么想不到？”

见况，王子洋挑挑眉：“等会儿你就知道了。”

事不宜迟，周小周在第一时间找到了周周。周周一如既往地对她爱答不理，周小周干脆莞尔一笑，开门见山，“周周，真是抱歉，今天早上我不小心穿了你的校服裤子，害得你要穿我的校服裤子上学。”

此言一出，周周猛地反驳道：“怎么可能，我穿的就是我自己的校服裤子。”

周小周大大方方地指了指裤子上的污渍说：“你看，这里有你留下的墨水印，你知道的，我从来都不用钢笔写字。”说着，她抿抿嘴，继续道：“我刚刚问过同学了，他们说这种污渍很难洗掉，如果你不介意的话，以后你就穿我的那条裤子吧，反正同学们都知道我的裤子脏了。”

温柔的口吻加上无懈可击的措辞，顿时让周周手足无措，因为她比任何人都知道事情的真相，她不知道周小周为什么这么说、为什么这么做，但事已至此，她总不能当着同学们的面，公开自己的所作所为吧？于是，她支支吾吾了半天只说了一句：“哦，好……”

与此同时，目睹这一切的兰诗雅恍然大悟，原来，这就是王子洋所说的“点到为止”，既解决了问题，又给了对方台阶下。高！真的是高！

实事求是，千万不要把芝麻说成西瓜

今天学校里发生了一件大事——有一个男同学声称，昨天晚上在阳台上看到了UFO（不明飞行物）！

这个男生名叫洛奇，十三岁，是初一年级的新生。这天一大早，他就兴致勃勃地和同学们讲述他发现UFO的故事，只见他站在椅子上，有鼻子有眼地道：“真的，我真的看到了！UFO超级大，乳白色的光！还有身高近三米的外星人！太可怕了！”

很快，洛奇发现UFO的消息传遍了整个校园，恰恰陈语嫣前阵子还看过有关UFO的电影，她用半信半疑的口吻问王子洋：“王子洋，你说那个男生发现UFO这件事情，是真的吗？”

“你为什么不去问他？”王子洋道，“依我看，十有八九是假的。”

“假的？”陈语嫣顿了顿，“你为什么这么轻易断定是假的？科技这么发达，都不能断定这个世界上有其他的生命物种。地球上有生命体，别的星球上说不定也有生命体，我觉得，就算是真的看到UFO和外星人，也不是什么稀奇事。”

王子洋解释道：“我不是不相信这个世界上没有外星人，而是我并不完全相信洛奇的话，你有所不知，这个洛奇就是喜欢夸大其词，我以前被他骗过好几次，所以他现在说什么，我都不相信。”

听到这儿，陈语嫣捕捉到了关键信息：“你们认识？”

“何止是认识，我和他做了六年的小学同学。”王子洋深叹一口气，“如果你感兴趣，干脆我带你去问一问，也好过你一个人在这里瞎猜……”

陈语嫣跟在王子洋的后面，在走廊里见到了传说中的洛奇。只见洛奇身材瘦高，小麦色的皮肤在阳光的照耀下泛着光，看起来不像是会说谎的样子。当他知道陈语嫣是特地来了解UFO的时候，他立刻手舞足蹈起来：“昨天晚上，大概是十一点的时候，我在阳台上收衣服，忽然，我看到不远的地方发出了一阵乳白色的强光，接着，一个巨型的UFO落了下来，我还隐隐约约地看到几个外星人从UFO里走了出来，他们很高，有十米那么高！”

面对洛奇绘声绘色的描述，陈语嫣只觉得这件事情有些诡异：“十米高？之前不是说三米高吗？”

“我记不清了，”洛奇晃了晃脑袋，“我现在脑子很乱，我在想，是不是外星人发现了我，给我施了什么魔法，我只记得他们很高，非常高……”

听到这儿，陈语嫣认同地点点头：“我曾在书上看到类似的例子，有一个农民在自家的田里看到了外星人，还和外星人进行了交谈，后来，外星人给他服下了一种药片，他就失忆了，只能记得零星的片段。说不定，你真的被外星人发现了！”

“有可能，当时虽然天色已晚，但是我能看见他们，就代表着他们一定也能够看见我。”说到这儿，洛奇拍了拍自己的脑袋，“我的头从昨晚到现在一直晕晕沉沉的，不会要失忆了吧……”

与此同时，接到通知的两个当地记者火急火燎地赶到了学校，他们在第一时间找到了洛奇，不顾他正在和陈语嫣交谈，气喘吁吁地问道：“这位同学你好，我们是电视台的记者，请问你真的看到UFO了吗？我们想对你进行一个单独的采访。”

“记、记者？”洛奇看着眼前一男一女两个记者，顿时慌了神，“我没有叫记者。”

“小朋友，你不用紧张，”男记者道，“你只要实事求是地说出你看到的一切就可以了。如果你所说的都是真的，那么，这将是一个轰动全世界的大新闻，你的传奇经历，会获得全世界人的关注。”

“全世界……”洛奇只觉得自己顿时有点儿心慌，刚刚的得意劲儿瞬间一扫而空，猛地，他脱口而出，“我其实也不确定我看到的是不是真的，说不定，是我看错了，花了眼……”

意想不到的回答，出乎了在场所有人的预料，尤其是已经深信不疑的陈语嫣，只见她上前一步，皱起眉头，心直口快地道：“你这话是什么意思？刚刚你可不是这么说的，你刚刚信誓旦旦地说，你看到的外星人有十米高，他们还会施魔法……”

殊不知陈语嫣的话还没说完，洛奇就慌慌张张地把她拉到了一边：“喂！小点儿声，他们可是电视台的记者，如果出了差池，我会成为全世界的笑柄，我可不想一失足成千古恨，臭名远扬！”

“呵！”陈语嫣后知后觉地冷笑一声，“看到记者你倒是不敢说了，难道，你真的是骗我们的？”

“不是！”洛奇急得直跺脚，“我只是不确定，我怕自己看错了，也有可能是出现了幻觉……”

“幻觉？不确定的事情说得那么信誓旦旦？”陈语嫣加大了音量，“那好，那你和全校同学说清楚，说你看到 UFO 的事情有可能是幻觉！现在，全校同学都被你蒙在鼓里！”

“不至于吧……”洛奇尴尬地笑了笑，“那岂不是搬起石头砸自己的脚，丢人丢到家了？”

似乎是意识到了事情的不对劲，只见两个记者再一次来到了洛奇身边，女记者见洛奇低着头不说话，顿时心里明白了一二。“洛奇，”女记者轻唤了一声，“你看到的一切，都有可能是你想象的，对吗？”

“我真的看到了……我看到了乳白色的光，还看到了黑色的影子……”此时的洛奇支支吾吾，和刚刚信誓旦旦的他判若两人。

“所以，你只是看到光亮和影子，而你看到 UFO 和外星人这件事，是你编造出来的？”女记者又问。

“我……”洛奇咬着嘴唇，没有了下文。

见况，男记者笑了笑：“洛奇同学，其实在来这里之前，我们已经了解到昨天晚上十一点钟左右，有几个环卫工人在废品站里烧残枝落叶，所以你看到的白光应该是火光，你看到的黑影有可能是烟雾的影子。”

事情终于真相大白，只是洛奇想不通：“既然如此，你们还来找我做什么？”

“在事情没有了解清楚之前，我们对任何当事人都采取信任的态度，只是事情的结果往往不尽如人意。”说完这句话，女记者收起了手中的笔记本，“既然是无中生有，那我们就先走了，这位同学，希望下一次你说你看到了UFO，是真的。”

看着两个记者渐行渐远的身影，洛奇陷入了沉思……

一个人的诚信是看不见摸不着的，又像空气一样真实存在，与空气不同的是，诚信会因为不够自觉而消失。就像是此时此刻的洛奇，经历了这一次，以后他再说看到了UFO，同学们还会深信不疑吗？

第二章
这些细节，会让你在朋友圈中更讨喜

对他人的称呼要合情合理

众所周知，陈语嫣向来大大咧咧、不拘小节，说起话来总是直来直去。这天，她从教师办公室出来之后，径直走到了班级最后一排的座位上，对着正在翻弄《篮球周刊》的冷亦风道：“喂！老师找你。”

冷亦风人如其名，有着一副冷酷的外表，平日里不苟言笑，他仅仅是瞄了陈语嫣一眼，就低下头继续做他的事情了。

见况，陈语嫣猛地敲了敲冷亦风的桌子，耐着性子重复了一句：“喂！老师找你！你听见没有！”

殊不知冷亦风非但没有站起身，反而轻描淡写地问了一句：“你和谁说话？”

冷冰冰的口吻加上爱答不理的态度，顿时让急性子的陈语嫣火冒三丈：“喂！我说你是不是鸡蛋里挑骨头——没事找事？我已经和你说了两次了，你这是什么态度！”

“你是在叫我吗？”直至这时，冷亦风才抬起头来，直视陈语嫣的眼睛，“抱歉，我不叫‘喂’。”

陈语嫣回到了座位上，气鼓鼓地向王子洋抱怨：“冷亦风这个人，就是仗着自己有几分帅气，不懂得尊重女生！我好心好意地传话，可结果呢？他的态度却那么恶劣，就像我是他的仇人一样，莫名其妙！”

“依我看，你们是五十步笑百步，半斤八两。”王子洋不怕得罪人，一五一十地道，“如果起初你称呼他的名字，而不是叫他‘喂’，他也不会用这种态度对你。”

“我又不是故意的，我一直都是这个样子。”陈语嫣嘟起嘴巴，气不打一处来，“你们男生都是一伙的。”

只听王子洋一本正经地道：“向来如此，便是正确的吗？在我看来，不正确称呼他人，就是不礼貌的行为。”

王子洋是好言相劝，他希望陈语嫣可以正视自己的错误，改正自己的缺点，可这话听在陈语嫣的耳朵里，却变成了挑剔。

这天放学后，她又把兰诗雅当成了抱怨对象：“我算是明白了，我的那个同桌，简直和我不是一路人。”

“又怎么了？”兰诗雅好奇地问道，“他又和你宣扬甜点文化了？”

“比这个还夸张。”说罢，陈语嫣把中午发生的事情一五一十地讲给了兰诗雅听，随后，还不忘冷哼一声，“他们这几个‘臭男生’都是一伙的，以后我和他们井水不犯河水，老死不相往来！”

听到这儿，兰诗雅扑哧一下笑出了声。“就为了这点儿事儿气成这样？”她摇摇头，笑着说，“语嫣，你有没有想过，王子洋是为了你好呢？他对你，其实是善意的提醒，并不是挑剔。”

“怎么连你也这样说？”陈语嫣停下步子，看向兰诗雅，“明明是那个姓冷的对我爱答不理，是他的错，为什么你们不怪他？”

“因为尊重是相互的，”兰诗雅一字一顿，苦口婆心，“王子洋说得没错，中国是礼仪之邦，与人打交道，就要讲礼仪懂礼貌，无论和谁说话，都要用合适的称呼。作为同学，你可以直呼其姓名，但是绝对不能说‘喂’，这是非常不礼貌的行为。”

“切！”陈语嫣翻了个白眼，把头扭到一边，“不听不听，王八念经！”

“你啊，哪点儿都好，就是说话总是口无遮拦，不懂得顾及他人的感受，所以才总是和别人闹矛盾。”兰诗雅说罢，走向小卖铺，“老奶奶，您好，我想要两瓶冰镇可乐，谢谢您。”

老奶奶将可乐递给兰诗雅，顺便夸奖了一番：“小姑娘，你真懂礼貌。”

兰诗雅看向陈语嫣：“你看，无论是老人，还是小孩，大家都喜欢懂礼貌的人，有时候在说话前加一个合适的称呼，这个句子都显得不一样了，就像是刚刚，我称呼了一声‘老奶奶’，老奶奶可高兴了。”

听到这儿，陈语嫣总算是没有再反驳了，她开口问道：“可是，并不是每个人都是老奶奶，很多时候，我不知道怎么称呼，所以干脆就不称呼了。”

“那可不行，你要尝试着改变自己。”兰诗雅想了想道，“其实很简单，当你遇见了长辈，你就称呼‘老爷爷’‘老奶奶’或是‘叔叔’和‘阿姨’，或者你可以根据对方的职业选择称呼，比如司机、理发师等，你都可以称呼为‘师傅’，看到老师要称呼‘老师’，看到医生要称呼‘大夫’，和同学朋友之间可以亲切地称呼对方的名字。如果你实在不知道应该怎么称呼，那就用‘您好’来代替。”一口气说了这么多，她深吸一口气，问陈语嫣，“明白了吗？”

“那如何和很多人同时打招呼呢？”陈语嫣想到了逢年过节时尴尬的场景。

“根据我的经验，一般来说要先长后幼、先上后下、先疏后亲，而且要分场合，如果在正式场合，即便称呼亲近的人也不能嬉皮笑脸的。我曾经有一次，就是因为在亲戚面前对我的表弟开玩笑地说了一句‘小胖子，你来啦’，被我妈妈当众训斥了一番。”

听到这儿，陈语嫣猛地甩了甩头，“太难了，真的太难了……”

“当这一切养成了习惯，你会发现，一切都是信手拈来，而且，你会越来越受欢迎哦！”说罢，她将可乐递给了陈语嫣，“美丽的小公主，喝点儿可乐，消消气吧！”

“我……我才没有生气呢。”陈语嫣把视线移到自己的鞋尖。不知道怎么了，此时此刻，她竟觉得有一些羞愧，她在想：在别人的心中，我真的是一个不懂礼貌的小孩吗？

这样拒绝他人，才不会让对方难堪

这天晚上，全班同学都陆陆续续回家了，只剩下周小周一个人在班级里打扫卫生，兰诗雅见况，急忙帮她撑开了垃圾袋：“小周，倒垃圾的活儿不是你同桌的吗？怎么又变成你干了？”

“他说他有事。”周小周莞尔一笑，“没事，也耽误不了多少时间。”

“可是每一次轮到他倒垃圾的时候，他都说有事，都是你在替他做。”说着，兰诗雅压低了声音，“而且今天中午，我明明听到他和隔壁班同学约好了晚上一起踢球，他说的有事，就是玩，骗你的！”

对此，周小周似乎显得见怪不怪：“他这人就这样，贪玩好动，常常把事情推给我来做，我都习惯了。”

“习惯了？”兰诗雅惊诧道，“周小周，怪不得你的姐姐总是欺负你，原来，你从不懂得拒绝别人。如果换作是我，我最多和他说一句‘自己的事情自己做’，我是绝对不会纵容他偷懒的。”

听了兰诗雅的话，周小周尴尬地咧开嘴：“大家都是同学，何必分你我分得那么清楚呢？倒垃圾，他做也是做，我做也是做，只要把班级的卫生搞好，谁做都一样。”说完，她还加上一句：“没事的。”

只见兰诗雅耸耸肩，脱口而出：“那好，从明天开始，我的清扫工作也拜托你来做好了，反正谁做都是做，这句话是你说的！还有，陈语嫣的清扫工作你也一并承担了吧，反正多一个不嫌多。”

听到这儿，周小周即刻赔了笑脸，“诗雅，我不是那个意思，我的意思是……”

“你的意思是，你可以帮你同桌倒垃圾，但却不能帮你的好姐妹是吗？”兰诗雅歪着头，语气强烈了起来。

“也不是这个意思……”周小周顿时有些手足无措，支支吾吾了半天，没有下文。

见况，兰诗雅苦口婆心地道：“小周，善良是好事，但是过度的善良，就是懦弱，小心‘人善被人欺’！”她清了清喉咙，又说：“我劝你，下一次遇到类似的事情时，你要第一时间选择拒绝，否则，永远会被人欺负。”

“可是……可是……”周小周深吸了一口气，“我不懂得如何拒绝他人，我总觉得别人将工作托付给我，是对我的信任，而我不能辜负对方的一片好意。”

“好意？”兰诗雅险些笑出声，“把自己的任务推给别人，而自己却和朋友约好了打球，在你的眼里，这算是‘好意’？”

“我……”周小周哑口无言。

只听兰诗雅接着问道：“我问你，别人的事情和你自己的事情，谁的事情比较重要？”

“别人的。”周小周不假思索地回答，“我的家人从小就教育我，要乐于助人。”

“你的意思是说，你可以为了别人的事情，耽误自己的事情？”兰诗雅耐着性子问道。

“算是吧。”周小周点点头，回忆道，“有一次我过生日，我和家人约好了去饭店吃饭，可是我的同学让我留下来帮她辅导功课，我也留下来了，因为我不知道应该如何拒绝她的请求。”

听后，兰诗雅无奈地摇摇头：“没救了，你真的无药可救了……”

“我也不想这样，”周小周低下了头。“其实，有的时候我也很矛盾，我明明知道对方是想要偷懒，或是我明明还有其他的事情要做，但是面对他人的请求，我就是狠不下心来拒绝，我很怕伤害了对方的自尊心，以后连朋友都没得做。”说完这话，她抿抿嘴，“或许真的是我太懦弱了……”

“你啊，就是心太软。”兰诗雅安慰她说，“因为心太软，所以没有主见，是非观也随之模糊了。你应该遵从你内心的选择，你不想做，那就勇敢地说出来。如果你担心伤害到对方，就换个方式拒绝，拒绝的方式有很多种，你要懂得随机应变。”

“随机应变？”周小周捕捉到了关键词，“我不知道如何随机应变。”

“你不懂，我可以教你啊！”兰诗雅伸出一根手指，说得头头是道，“拒绝也是一门学问，当你想要拒绝他人，又不知道如何拒绝他人的时候，不妨直说‘很抱歉，我没有时间’。如果对方不依不饶，你可以做出具体的解释，你可以说‘我和家人有约，晚上出去看电影’。但要切记，无论你给出什么样的理由，都要实事求是，不要为了拒绝而说谎。”

“如果我没有合适的理由呢？”周小周问道。

“那你就以理服人，比如说倒垃圾这件事，你可以和他讲道理，告诉他每个人有每个人的责任，你也有自己的事情要做，你也想尽快完成老师交代的任务，态度要明确，但是口吻要温和，不要给人咄咄逼人的感觉，我想，对方也不会为难你的。”

“这样啊……”周小周陷入了沉思，毕竟作为一个“老好人”，向来来者不拒的她从没有过拒绝他人的经历，但是听兰诗雅这么一说，她又忽然觉得有几分道理。她缓缓道：“对方，真的不会因为我的拒绝，而憎恨我吗？”

“当然不会，只要你把握尺度。”兰诗雅道，“你知道吗？你的善良看似在帮助对方，但实际上，是在纵容对方的坏习惯，这是‘助纣为虐’！更何况，尊重是相互的，对方从不站在你的立场上思考问题，你觉得，他们有尊重过你吗？至于那些因为被你拒绝而和你断交的人，是迟早要失去的。”

提示到了这儿，周小周终于点了点头。“你说得没错，乐于助人是好事，但是不能自欺欺人，现在的我，就是自欺欺人。看来，我要尝试着去学习如何拒绝他人了。”她抬起头，看向兰诗雅，“诗雅，谢谢你，你给我上了宝贵的一课。”

“不用谢，谁让我们是好朋友呢！”兰诗雅边说，边绑好了垃圾袋，“走吧，我们一起去倒垃圾，但我希望，这是最后一次陪你替别人倒垃圾。”

夕阳下，两个女孩有说有笑地走在一起，微风徐徐，吹乱了她们的头发，但是没有吹走她们脸上的笑意。这就是青春，有困惑，有挫折，也有数不尽的烦恼，但无论如何，她们都会笑着前进……

眼中带笑，心情也会变得明朗起来

音乐老师到初一（1）班挑选舞蹈队的成员，观察了一圈后，最后只挑选了兰诗雅、李艾米和周小周三个女生。对此，陈语嫣表达了她的不满：“和兰诗雅、李艾米、周小周相比，我也不逊色，为什么老师不选择我呢？”

殊不知王子洋非但没宽慰她，反而火上浇油：“如果我是音乐老师，我也不会选择你。”

“为什么？”陈语嫣大为不解，“我难道长得不漂亮吗？”

王子洋瞅了瞅陈语嫣标志的瓜子脸，顿了顿道：“你……的确挺漂亮的，但是你不会笑，看起来有点儿凶。你没发现音乐老师挑的这三个女生，平时都是笑眯眯的吗？你想想看，周周和周小周长得一模一样，为什么老师最后只选择了周小周，没有选择周周？”

与此同时，周周也是一脸的不满。

从始至终，周周都没有把她的妹妹周小周放在眼里，但这一次，音乐老师只挑选了周小周，而没有挑选她，就等于当着全班同学的面狠狠地打了她一耳光，她非常难受，以至于午休时，一个人躲在走廊里哭了起来。

李艾米是第一个发现周周不对劲的，她轻轻地走上前，见周周哭得正伤心，便小心翼翼地递上了纸巾：“亲爱的，你没事吧？”

“你看我的样子，像是没事吗？”周周的口气一如既往地强硬，似乎是不想和李艾米多说，她猛地把头埋在了胳膊肘里。

“那个……有什么事可以和我说，我可以帮你。”说完这句话，她将纸巾塞到了周周的手里，“即便是再伤心，也不能一个劲儿地哭，小心待会儿哭得眼睛又红又肿，就不漂亮了。”

只见周周止住哭泣，喃喃道：“漂亮不漂亮又有什么用？反正我没有加入舞蹈队。”

听到这儿，李艾米终于知道周周为什么哭了，她先是会心一笑，紧接着宽慰道：“如果你想要加入舞蹈队，可以自己去找音乐老师申请，你这么漂亮，老师一定不会拒绝的，而且……”一想到在这个时候不能提到周小周，她猛地改了口：“而且我觉得你很有跳舞的天赋。”

面对李艾米的好言相劝，周周非但不领情，反而埋怨道：“你就不要‘猫哭耗子假慈悲’了，你已经加入舞蹈队了，当然是站着说话不腰疼！如果音乐老师喜欢我，她就不会在我和周小周之间只挑选周小周了。”

“或许，是因为你没有向老师发出‘我想要加入舞蹈队’的信号。”李艾米全然不顾周周的冷嘲热讽，笑着道，“你知道吗？音乐老师之所以选择我们，是因为我们偷偷向老师发送了信号哦！”

“信号？”周周愣了一愣，“原来，你们事先和老师说好了！”

“不是。”李艾米耐着性子解释。“我所说的信号，是‘微笑’，因为我们想要加入舞蹈队，所以我们都冲着音乐老师微笑，音乐老师就是因为看到了我们的微笑，感受到了我们的真诚，才挑选我们的。”说着，她指了指教室门口，“如果你不相信的话，你可以问一问兰诗雅，她是不是冲着音乐老师微笑了？”

“鬼才信……”周周撇撇嘴，嘀咕了一句，“如果微笑能够解决问题，我就不会躲在这儿哭了……”

“难道哭能够解决问题？”李艾米莞尔一笑，“书上说，爱笑的女孩运气都不会太差，因为笑不仅仅会愉悦自己的心灵，还会给他人带来温暖。我冲着对方微笑，对方感受到了我的善意和温度，他们自然而然地会给予回应，相反，如果总是板着一张‘扑克脸’，谁会鼓起勇气靠近你呢？”

听到这儿，周周忽然觉得李艾米的话有几分道理，可是说实话，让她学会微笑，这并不是一件容易的事情。就如同此时此刻，她拼了命地将嘴角上扬，可是最后做出来的表情，却无比尴尬。“不行，”她懊恼地摇摇头，“我最多只能苦笑。”

“依我看，是你想的太多。”李艾米出了一个主意，“按照我说的做，深呼吸，将思绪放空，慢慢……慢慢将嘴角上扬，想象清晨的第一缕阳光，想象自己是一个比水还要温柔的人，想象你的眼中带着满满的爱意……”说到这儿，李艾米欣慰地一笑：“周周，你微笑的样子真好看！”

李艾米没有说谎，当满是牢骚的周周放下了压力的包袱，她真的情不自禁地笑了起来，这一刻，她像是变了一个人一样，她不再妒忌他人的才华，不再抱怨命运的不公，而是由内而外地散发出一种强大的自信，这种自信，让人动容。

终于，在李艾米的支持和鼓励下，周周找到了音乐老师。只见音乐老师先是愣了愣，紧接着抱歉地笑了笑：“奇怪，刚刚在初一（1）班，为什么没有注意到你呢？欢迎你加入舞蹈队。”

周周如愿以偿地加入了舞蹈队，这不仅仅是她的勇气换来的结果，更是她脸上绽放的笑容给她带来的好运气，更奇怪的是，当她的脸上挂满笑意，她一身的戾气竟然不见了，果然，微笑具有神奇的魔力。

即便是批评，也要顾及对方的情绪

陈语嫣和王子洋就像是一对“欢喜冤家”，平时在学校里总是因为一点儿小事吵吵闹闹，但又很快重归于好，但是这一次，却有些不一样。

事情的经过，是这样的。

这天早上，轮到陈语嫣所在的小组值日，只见陈语嫣吃力地踮着脚尖擦黑板，但即便是使出了“洪荒之力”也无法将黑板的边缘擦干净。见况，王子洋帮她搬来了椅子，这本是一个善意的举动，可殊不知，陈语嫣刚刚踩上去，椅子就断了一条腿，害得陈语嫣从椅子上摔了下来，膝盖青了一大片。

面对突发状况，王子洋顿时手足无措。“你没事吧？”他急忙上前搀扶，“我……我不是故意的……”

“还说你不是故意的！”陈语嫣强忍着疼痛，一瘸一拐地站起身，“全班同学都知道办公桌前的那把椅子是坏的，你还把它搬过来，难道你想要置我于死地吗！”

“我……我忘了。”王子洋挠挠头，尴尬地一笑，“对不起啊，我下一次一定注意。”

“还有下一次？”说话的工夫，同学们已经陆陆续续地来到教室。见况，陈语嫣更加暴躁了：“王子洋，平时我觉得你人还不错，所以一直没有向老师提出调换座位，现在看来，是我看错你了，你简直是一无是处！”

一无是处……

这几个字重重地敲击着王子洋的心，让他的胸口一阵撕心裂肺地疼痛。“对不起……”他低着头重复着这几个字，满心都是煎熬。

“对不起？呵！”不顾同学们诧异的目光，陈语嫣用手指向王子洋的鼻子，“说对不起有用吗？我差一点儿就被你害死了！”说着，她冷哼了一声，“我警告你，以后你再惹我，我一定让你吃不了兜着走！”

王子洋是哽咽着离开的。见况，兰诗雅急忙把陈语嫣拉到了教室外：“亲爱的，什么情况？一大早就发那么大的脾气，我还是第一次见王子洋那么挫败？他怎么你了？”

“别提了！”陈语嫣边说，边挽起了裤腿，露出了受伤的膝盖。“还不是因为他粗心大意，拿错了椅子，才害得我从椅子上摔下来……”说着，她懊恼地跺了跺脚，“别想着我会原谅他！成事不足，败事有余的家伙！”

听后，兰诗雅宽慰道：“王子洋确实有错，但他也确实不是故意的，刚刚你当着那么多人的面说他‘一无是处’，未免也太伤他的自尊心了吧？你还用手指着他的鼻子，我真不知道他会怎么想……”

“谁让他惹到我了，”陈语嫣不依不饶，“即便如此，我还没解气呢！”

“即便是批评，你也要顾及对方的情绪啊！想想看，如果你是王子洋，你当着全班同学的面被同学数落‘一无是处’，只是因为你不小心拿错了椅子害得对方摔了一跤，你会怎么想？如果换作是我，我一定会想不开的。”

“想不开？”陈语嫣摆摆手，“不会的，王子洋这个人向来没心没肺，根本就不会把这件事情放在心上。”

对此，兰诗雅持有不同的看法：“依我看，未必！”

果不其然，自从这件事情发生以后，王子洋再也没有和陈语嫣说过一句话，甚至都不曾看她一眼，每当下课后，他都会主动离开座位，或是站在走廊上看风景，或是坐在教室后排的读书角发呆，总而言之，他完完全全变了一个人，这让陈语嫣很是心慌。

这天下午，陈语嫣再次找到了兰诗雅：“怎么办？他已经两天没有和我说话了！他不会不和我说话了吧？”

“那倒不至于，他只是还在消化你对他的那些责骂，这一次，你是真的伤害到他的自尊心了。”兰诗雅抬头看向陈语嫣，“你打算怎么办？”

“我就是因为不知道应该怎么做，才来问你的。”陈语嫣咬了咬唇，“早知道事情会变成这样，我当初就不应该那么做，如果再给我一次机会，我即使再生气，我也不会说出那些话了。”说罢，她叹了一口气。

“只可惜时间不能倒流，”兰诗雅提示道，“但如果你想，你是有能力改变现状的。”

“怎么改变？”陈语嫣顿了顿，“难道……要我和他道歉？拜托，明明是他有错在先，我凭什么要和他道歉！”

“可是，他已经当着所有人的面，向你道过歉了。”兰诗雅劝道，“而且，这件事情你确实也有不对的地方，你伤害了他，但他却选择沉默，他已经很顾及你的感受了，你也应该站在他的立场上思考一下，不是吗？”

兰诗雅动之以情，晓之以理，让陈语嫣不知如何回应。说实话，陈语嫣也渐渐意识到了自己的冲动，可事已至此，她根本就没有勇气去改变现状，更没有勇气向别人道歉，于是，她也陷入了矛盾之中。

可事情总有转机，隔日的下午，王子洋竟然主动和陈语嫣说了一句话，他说：“如果你真的想要调座位，那我可以代替你向老师申请。”

“不、不用了……”陈语嫣顿时有些慌乱。“那个……其实……其实我那天……”借此时机，她深吸一口气说，“其实那天我也有不对的地方，我不应该当着同学们的面指责你，我只顾着发泄，没有顾及你的情绪，我……你可以原谅我吗？”

这是陈语嫣第一次向王子洋服软，虽然她没有说出那句“对不起”，但是她的改变却让王子洋眼眶红了。“陈语嫣，”他豁达地一笑，“我从来都没有怪过你，我只是在自责，如果不是我的失误，你也就不会受伤了。”

“没关系的。”陈语嫣急忙道。“谁都有粗心大意的时候，你有我也有，所以……这件事情还是翻篇吧！而且……”她抿抿唇，“我觉得和你做同桌挺好的……”

“我也喜欢和你做同桌，”王子洋吸了吸鼻子，脸上终于露出了笑意，“那么以后，还请多多关照。”

“多多关照。”

这一刹那，陈语嫣只觉得自己心中的大石头落了地。王子洋又变回了以前那个活泼热情的王子洋，而她，似乎在一瞬间成长了，这是她第一次体会到宽容的力量，原来，和指责相比，宽容更加让人心情舒畅。

“你好”“对不起”“谢谢”

陈语嫣变了，变得懂礼貌了。

这个周末，陈羽航的同学兼好友陆荣骏来到陈家补习功课，当听到了陈语嫣的那句“荣骏哥哥好”时，他第一时间停止了手上的动作，有点儿不敢相信地说道：“语嫣，几日不见，你变得……不一样了。”

“是变好了，还是变坏了？”陈语嫣歪着头，晃了晃头上的两个麻花辫，打趣地问道。

“变好了……”陆荣骏边说，边把精心准备的月饼递了上来，“中秋节虽然已经过了，但是我亲手制作的月饼还给你们留着呢。”说着，他还递给陈语嫣一个小小的礼物，“刚刚路过文具店，顺便给你买了一个发卡，我知道你喜欢粉色。”

意外的惊喜让陈语嫣手舞足蹈。“谢谢荣骏哥哥！”话音刚落，她就一溜烟儿地跑到卧室里拆礼物了。

与此同时，只见陆荣骏小心翼翼地压低了声音，对着陈羽航道：“你妹她……没事吗？”

“她挺好的，”陈羽航不明白陆荣骏想要表达的是什么意思，“怎么了？从进门开始你就怪怪的。”

“我反倒觉得语嫣怪怪的。”陆荣骏换好拖鞋，说道，“我见过她好多次了，这可是她第一次主动和我打招呼，叫我‘荣骏哥哥’，而且，她刚刚还和我说了‘谢谢’，你说奇怪不奇怪？”

经陆荣骏这么一提示，陈羽航也觉得有些不对劲儿。“是啊！”他转身看向陈语嫣紧锁的房门，“今天早上她不小心踩到了我的鞋子，竟然和我说了一句‘对不起’，当时我没反应过来，现在想一想，确实是太阳打西边出来了……”

为了弄明白事情的真相，陈羽航悄悄地来到了陈语嫣的房门口，轻轻地敲了敲门：“语嫣，你要尝一尝荣骏亲手制作的月饼吗？”

“请稍等一下！”陈语嫣边回应，边将粉红色的发卡收藏到柜子里，这才不慌不忙地打开房门，对着陈羽航道，“哥，每一次都是荣骏哥哥做糕点送给我们吃，什么时候你也做一桌满汉全席，让荣骏哥哥尝尝你的手艺？”

亲切的话语加上满面的笑容，让站在原地的陈羽航愣了三秒钟。“啊？”他猛地甩了甩头，“我如果真的能做一桌满汉全席，就不至于每天和你吃挂面了。”说完这句话，他尴尬地笑了笑：“我可没有你荣骏哥哥的天赋。”

这时，陆荣骏拿着一块月饼递给了陈语嫣：“尝尝看，我的手艺，这是我专门给你做的葡萄月饼，我先把新鲜的葡萄做成了葡萄酱，再用葡萄酱做馅料，味道还不错。”

“葡萄月饼？”半信半疑的陈语嫣轻轻咬了一口。顿时，甜而不腻的馅料落入口中，让她惊奇地睁大了眼睛：“这是我吃过的最好吃的月饼，谢谢你，荣骏哥哥！”

面对陈语嫣毫不吝惜的赞美，陆荣骏只觉得浑身不自在。“语嫣，”他不知道当讲不当讲，“这一次见你，我忽然觉得你长大了。”

“那是当然，我现在已经是初中生了。”陈语嫣得意扬扬地抬起头，“而且，为了我的梦想，我要从现在开始注意自己的一言一行。”

“梦想？”陈羽航和陆荣骏异口同声，“什么梦想？”

“我……”陈语嫣竟觉得有些不好意思。“我想当演员，做一个艺人。”她扭着身子，腼腆地一笑，“我是前几天才做出决定的。”

“演员？”陈羽航觉得有些不可思议，但他又不能打击陈语嫣的积极性，“你想好了吗？当公众人物可并没有你想象的那么容易，你要有过人的才艺，要时刻注意自己的言行举止，最重要的是，你要有一颗强大的内心。”

“我当然想好了，我不是开玩笑的。”说罢，陈语嫣将吃了一半的月饼递给陈羽航，“作为一名演员，也要时刻保持自己的身材，从今天开始，我要戒掉甜食。对了，每天睡前，你要提醒我做健身操。”

听到这儿，陆荣骏禁不住插言道：“语嫣，有梦想是好事，但你现在正是长身体的时候，应该想吃什么就吃什么……”

陆荣骏的话还没说完，陈羽航就急忙把他拉到一边，并对着陈语嫣道：“行！从今天开始，我每天监督你做健身操，除此之外，我还要监督你的一言一行，作为一名公众人物，只有时刻保持言行举止的优雅，才会获得别人的喜欢。”

书房里，只见陆荣骏一脸不解地看向陈羽航：“嘿！你刚刚是怎么一回事？她才十四岁，怎么能够纵容她减肥呢！”

“这是次要的，”陈羽航有他的想法，“如果可以借此机会让她彻底认知自己、改变自己，难道不是一件值得庆祝的好事吗？你想想她以前的样子——蛮横无理、口无遮拦，再想想她现在，简直像变了一个人一样，这就是梦想的魔力！”

似乎是觉得陈羽航的话有几分道理，陆荣骏跟着点了点头：“你说得没错，比起戒掉甜食，一个人彻头彻尾的华丽蜕变才是最重要的，和以前相比，现在这个懂得说‘你好’‘谢谢’‘对不起’的陈语嫣，更加讨人喜欢。”

没错，无论男女老少，人人都喜欢讲礼貌、懂礼节的人，所以，当意识到自己的言行举止并没有那么完美时，一定要加以改正，毕竟，这不仅仅关系到你的人际交往，更重要的是，关乎你的前程。

那些你不知道的“身体语言”

兰诗雅最近迷上了行为心理学，为此，她还特地买了一个三百倍的放大镜，美其名曰“要更加细致地观察人的一举一动”。

这天午休，兰诗雅将放大镜杵到了陈语嫣的脸上，仔仔细细地观察了起来。见况，陈语嫣皱着眉头道：“亲爱的兰诗雅同学，你又观察到什么了？”

“实不相瞒，我看到你脸上长了一颗青春痘。”说着，兰诗雅又将放大镜移至陈语嫣的眉间，“从眉头紧锁的行为来看，此时此刻的你非常不耐烦，也可以说，你对我的行为有些反感。”

“那你还不赶快收起你的放大镜！”说着，陈语嫣以迅雷不及掩耳之势夺过放大镜，藏到了自己的书桌里，“从今天开始，我不想再看到它。”

“那你就先替我保管吧，反正我也用不上了。”兰诗雅耸耸肩，一脸的“无所谓”，“我现在已经练就了不用放大镜，就能轻而易举地从对方的‘身体语言’中解读他的心理动态的技能，甚至一眼就能看透对方的性格。”

“怎么可能……”陈语嫣啧了一声，“你可千万不要向洛奇学习，夸大其词的下场就是自取其辱。”

“我是认真的！”似乎是为了证明自己没有说谎，兰诗雅看向独自坐在最后一排的冷亦风，“你看他，双手合十，手指杵着下巴，眼睛一眨不眨地盯着前方，这就表示他此时此刻正在思考一个难题，从而也可以判断出他的性格——沉默寡言，喜欢沉思，做事总是一板一眼，甚至有些固执。”

“沉默寡言、一板一眼、固执……”陈语嫣重复了一遍关键词，顿时惊奇地睁大了眼睛。“你说得太对了，他就是这样的人！”她饶有兴趣地问兰诗雅，“太神奇了，你是怎么看出来的？”

只听兰诗雅一本正经地道：“古人云，‘心者，貌之根，审心而善恶自见；行者，心之表，观行而祸福自知。’研究表明，人类的‘身体语言’比‘有声信息’更能体现一个人的心理动态，所以，当判断一个人是否说谎的时候，最好的方法是观察对方的‘身体语言’。”

“这就是你整天研究的行为心理学？”陈语嫣恍然大悟，“怪不得你整天拿着放大镜观察我，原来，你把我当成了‘实验对象’。”接着，她神神秘秘地说道：“干脆，你把班级里的每一个同学的心理动态都告诉我吧！”

“那有什么好玩的？大家都相互认识，脾气秉性都相互熟知，岂不是大大降低了我的专业性？”说罢，兰诗雅提出，“不如，我们去走廊上观察陌生人！”

说走就走。

兰诗雅挽着陈语嫣的胳膊，边走边观察视线中的每一个人。猛地，她拍了拍陈语嫣的肩：“看，十二点钟方向，左边那个女孩在说话的时候总是不经意地捂嘴巴、摸鼻子，她的行为，是为了掩饰内心的慌乱和不安，所以，她很有可能在说谎，而和她对话的人，双手抱着胳膊，眼睛微微眯起，似乎对对方的谎言已经有所察觉。”

“太……太有趣了！”陈语嫣拍了拍巴掌，“还有呢？”

“还有……”兰诗雅看向教师办公室门口，“你看那边，那个站在教师办公室门口的男孩，他不停地搓着手，这种行为表示的是他对某件事抱有某种期待，同时，也正在试图缓解内心的紧张与不安。”

听到这儿，陈语嫣似懂非懂地点点头：“我明白了，人们总是会下意识地做出一些小动作，而这些小动作和语言相比更具有随机性，所以也更加真实，如果破解了对方的‘身体密码’，就可以揣摩对方的心理。”

“没错，真是心有灵犀一点通，”兰诗雅用赞许的目光看着陈语嫣，“我用了一周的时间才理解了什么是行为心理学，没想到你一下子就明白了，真是了不起。”

“那是因为你带我进行了‘实地考察’，是我‘身临其境’后的成果。”陈语嫣半开了一个玩笑，随后示意兰诗雅向右看，“你看，那边那个女生不停地咬指甲，这说明什么呢？”

“喜欢咬手指或是指甲的人，大多都非常敏感，他们容易焦虑、紧张，性格上并不是很成熟。”说着，兰诗雅又举了几个例子，“双手握拳或紧攥衣角的人往往都缺乏安全感，一边说话，一边用手指着对方的人大多比较自负、自私，喜欢掰手指关节的人总是精力充沛，擅于交谈……”说了这么多，她看向陈语嫣：“怎么样，行为心理学是不是很有趣？”

“照你这么一说，还真的挺有趣。”陈语嫣点点头，“只不过，学了行为心理学，能帮助我们些什么呢？”

“知己知彼，百战不殆。”兰诗雅脱口而出，“懂了行为心理学，你会更加直接地了解到对方的想法，这不但有利于交友，还可以避免很多语言上的误会，同时，它还可以提醒人们，千万不要自作聪明地要小心机，因为你的一举一动，早已经暴露在了对方的视线范围里，你的谎言，也迟早会被揭穿。”

没错，“身体语言”的确可以透露一个人的真情实感，让你更加准确、直接地知道对方的想法，同时，它也会时刻提醒你，做人要坦坦荡荡，千万不要自作聪明哦！

尊重是相互的，不要拿别人的痛处取乐

这天在食堂，一个矮个子的女生不小心撞到了陈语嫣，她戴着眼镜，刘海遮住了一半的眼睛，看不清长相。只听女生声若细蚊地说了一句“对不起”，就转身匆匆跑掉了。与此同时，陈语嫣在地上发现了一个红色的钱包。

“这是谁的钱包？”兰诗雅不知何时站在了陈语嫣的身后，只见她拿过钱包，仔细看了看，“这是你新买的钱包？”

“不是。”陈语嫣想了想，猛然想起刚刚那个慌慌张张的女生，“恐怕，这个钱包是她的……”

为了尽快找到钱包的主人，陈语嫣和兰诗雅饭都没吃，就在食堂里一排一排地找了过去，可是她们整整找了两圈，都没有找到刚刚那个女生。见况，兰诗雅气喘吁吁地道：“她该不会是先离开了吧？”

“有可能。”陈语嫣想起她刚刚手上并没有餐具，但却抱着一本书。“图书馆！”她打了一个响指，“她一定在那儿！”

事不宜迟，陈语嫣和兰诗雅急忙移步到了图书馆，好在功夫不负有心人，很快，她们就在图书馆的大厅找到了钱包的主人。此时此刻，只见她一个人坐在休息椅上发呆，不知道在想些什么。

“就是她！”陈语嫣边说，边拉着兰诗雅朝着女生的方向走去。殊不知不看不知道，一看吓一跳，当她们靠近了女孩，才发现她的肩膀在抖动，她在哭！

“你……没事吧？”兰诗雅与陈语嫣对视了一眼，壮着胆子开口道，“需要帮助吗？”见来者是两个陌生人，女生下意识地转身就走。兰诗雅又说了一句：“别害怕，我们不是坏人。”

说着，她把钱包递到了女生的眼皮子底下：“我们捡到了一个钱包，是你的吗？”

女生摸了摸左边的口袋，发现那里空无一物，这才抬起头看向钱包。“是、是我的，”她控制住自己的情绪，可是声音依旧在颤抖，“谢谢。”

没有丝毫的犹豫，兰诗雅把钱包还给了女生。“不用谢。”她莞尔一笑，露出了两个酒窝，“我不知道发生了什么，但是希望你不要哭，因为哭是解决不了问题的。”

“可就算是我不哭，问题也依旧解决不了……”女生喃喃道，“同学们都笑话我，说我是没有爹娘的孩子……他们不肯和我做朋友……”说到这儿，她的眼泪又噼里啪啦地掉了下来。

见况，陈语嫣第一时间递上了纸巾，“你的同学也太过分了！怎么会这么说别人呢？”

“我也不想……我也不想这样……”女生低下头，自顾自地说着，“在我很小的时候，我的父母就在车祸中去世了，我跟着奶奶长大，尽可能地过着和同龄人一样的生活，可是……可是我发现事实并不是如此，没有人同情我，我得到的，只有嘲笑……”

时间仿佛放慢了脚步，连空气中都凝结着伤感的气息，让陈语嫣瞬间沉默了。只听兰诗雅缓缓开口：“我理解你一半的感受，因为我是在单亲家庭中长大的孩子，我从来没有见过我的爸爸……”说到这儿，她尴尬地一笑：“我曾经也会被别人嘲笑。”

“那现在呢？”女生抬起头，看向兰诗雅。

“现在不会了，现在我有很多的朋友，就算偶尔有人提起我伤心的往事，我也只会一笑了之，因为我知道，尊重是相互的，如果有一个人一直往我的伤口上撒盐，那么我也没有必要把时间浪费在不值得尊重的人身上，我只管过好我自己的生活。”

说话的工夫，一个男生嬉皮笑脸地凑到了她们的面前，见那个女生手里攥着纸巾，只听他讥笑出声：“呦！原来你躲到这儿了，你躲到哪儿，也是孤儿，哭也没有用……”

男生的话还没说完，沉不住气的陈语嫣就猛地转过身，狠狠地推了他一把：“你胡说八道些什么呢！你有没有做人最基本的良心！人之初，性本善，这是三岁小孩都知道的道理，而你呢！连三岁小孩都不如！”

见眼前的女生来势汹汹，男生下意识地自我壮胆：“你、你谁啊！”

“我……我是她的好朋友，我叫陈语嫣！”陈语嫣大胆地报上了自己的名字，“我不允许任何人欺负我的好朋友，所以，你现在必须要当着我们的面，为你的所作所为向她道歉！”

“我向她道歉？”男生指了指自己的鼻子，还以为出现了幻听，“拜托，又不是我一个人这么说她，大家都这么说她。”

“难道你没有最基本的是非观吗？”兰诗雅上前一步，选择和陈语嫣并肩作战，“任何人都决定不了自己的出身，如果可以，她也不希望自己失去家人。作为同学，你们不但没有关心她的感受，反而用言语伤害她，我想，是时候把这件事告诉你们的班主任了！”

一听到“班主任”这三个字，男生顿时慌了神：“别！千万不要告诉我们的班主任，他最喜欢请家长了！”

“你认识不到自己的错误，我们只能出此下策，我们也是被逼无奈。”陈语嫣对答如流。

见况，男生急忙对着女生道：“对不起，是我的错，我以后再也不会嘲笑你了。”

“就这样？”兰诗雅挑挑眉。

“我会和我的哥们儿沟通的，这件事情确实是我们太过分了，我认错……”说着，男生看向兰诗雅和陈语嫣，“那个，可不可以不要告诉老师？我真的知道错了。”

“那就要看你的表现了。”说罢，陈语嫣拉起了女生的手，“如果他们还是知错不改，就第一时间告诉我们，作为你的朋友，我是绝对不会容忍这种事情发生的！”

回去的路上，只听兰诗雅对着陈语嫣道：“刚刚你的样子真霸气，尤其是一把将那男生推开的时候，完全出乎了我的预料。”

“我是打抱不平，”向来爱恨分明的陈语嫣拍了拍手，“第一次见到那么不懂得尊重别人的人，如果他们敢往我的伤口上撒盐，我一定让他们吃不了兜着走！要让他们知道，不尊重一个人的下场是怎样！”

“你的伤口？”兰诗雅半开玩笑地接过话，“是什么？”

“是……”陈语嫣想了想，“就不告诉你！”

走廊里，两个女生有说有笑，谁承想，她们柔弱的外表下，竟然包裹着一颗勇敢炽热的心。这一刻，她们既成了别人的英雄，也成了自己的英雄，她们的所作所为，令人动容，也值得尊重。

第三章
敢于沟通，不做他人眼中的“胆小鬼”

敢于说话，克服“说话恐惧症”

转眼间，九月的尾巴悄悄临近了。

近一个月以来，原本陌生的同学们经过相处和磨合，已经建立起了深厚的友谊，每个人也都找到了自己的知心好友，但唯独有一个名叫孟婉秋的女孩子，从始至终都是独来独往，从不与任何人交流。

这天上语文课，语文老师让孟婉秋到讲台上朗读课文，可不知道怎么了，她不但没有按照老师的吩咐做，还哭着跑出了教室，引起了全班同学一片哗然。

下课后，李艾米转过身对着陈语嫣道：“孟婉秋她是怎么了？难道是家里出事了？”

“不知道。”陈语嫣摇摇头。“我对她不是特别了解，我和她好像……”她想了想，“好像只说过一句话。”

“我也是，每一次我和她说话，她都借故离开，似乎在回避着什么，”说罢，李艾米出了一个主意，“我们一起去问问她吧，大家同学一场，又都是女生，我想，只要我们足够真诚，一定可以获得她的信任的。”

陈语嫣和李艾米是在楼梯间找到孟婉秋的。

一如既往，孟婉秋看到有人靠近，第一反应就是站起身，想要离开。见况，陈语嫣急忙挡住了她的去路，心直口快地道：“你为什么一看到人就要走？我们又不是老虎，又不会吃了你！”

似乎是觉得陈语嫣的口气有些强硬，李艾米急忙接话道：

“我们是来关心你的，今天……你没事吧？”

孟婉秋没有说话，只是唯唯诺诺地摇摇头。

李艾米微微一笑：“婉秋，你不要害怕，也不要排斥，其实，我们很想和你成为朋友，大家既然有缘成为同学，为什么不尝试着接触一下，说不定我们可以成为好朋友呢！”

“朋……朋友？”孟婉秋迟疑地张开嘴，没有了下文。

“没错。”急性子的陈语嫣接过话，“今天看到你一个人跑出教室，我们都很担心，我们不知道究竟发生了什么，你可以告诉我们吗？”

“其实……其实也没什么……”孟婉秋低下头看向自己的鞋尖，“只是……只是我害怕，一时心急就……”

“害怕？”李艾米想了想，“难道，你是害怕语文老师？”

“不……”孟婉秋摇摇头，“我……我害怕站在讲台上说话，我害怕说话……”

听到这儿，陈语嫣彻底愣住了，因为长这么大，她还是第一次听到有人害怕“说话”的，她清了清喉咙道：“说话哪里可怕？想说什么就说什么，而且语文老师并没有让你即兴演讲，而是让你照着课本朗读课文，有什么好怕的？”

“我……我和你们不一样。”孟婉秋支支吾吾地道，“我患有‘说话恐惧症’，我可以对着镜子和自己说话，但是……我没有办法自然地和别人说话，每次一开口，我都会心慌意乱，想要逃避……”

提到“说话恐惧症”，李艾米最有发言权了，因为她就有一个患有‘说话恐惧症’的表妹。她道：“我的表妹和你一样，很害怕和别人说话，只要一说话，就结结巴巴，大脑一片空白，但是现在，她是学校的小主持人，说起话来条理清晰，干脆利落，口才那叫一绝。”

“真的假的？”陈语嫣不敢相信地看向李艾米，“她是怎么做到的？”

“练！”李艾米就吐出了一个字。

“练？”孟婉秋小声问道，“还可以练？”

“当然，”李艾米一本正经的样子不像是在开玩笑，“当她意识到自己的缺陷时，她先是逃避了一段时间，直到后来，她渐渐意识到日常生活中是避免不了人际交往的，于是她说服自己克服了恐惧。越是在人多的地方，她就越是大声说话，当习惯成了自然，‘说话恐惧症’就不见了。”说到这儿，她对着孟婉秋道，“现在你的状况和我表妹之前的状况特别像，所以我也希望你可以勇敢一点儿，正视自己的问题，克服‘说话恐惧症’。”

“我……”孟婉秋抿了抿唇，缓缓开口，“我怕我做不到……”

“只要有信心，什么事情都可以做到。”李艾米笑着鼓励道，“在人类没有在空中翱翔之前，莱特兄弟也并不知道他们可以创造出飞机，但是他们有自信，他们相信自己一定可以实现梦想，于是，梦想就这样实现了。所以没有什么是做不到的，只要你想，就一定会有收获。”

“就是！就是！”陈语嫣点点头，“在我没有和李艾米交流之前，我也没想到可以和她成为朋友，接触了几次后我发现，她还不错，没有我想象得那么做作，反而，她很真实、很成熟，所以，你也要尝试着敞开心胸，给他人一个认识你的机会，也给自己一个了解自己的机会，否则，你永远活在自己的世界里，永远也感受不到快乐。”

话说到这儿，孟婉秋陷入了沉思，或许是觉得气氛太过于尴尬。只见李艾米猛地拍了拍陈语嫣的肩，气鼓鼓地道：“喂！

原来我给你的初印象是‘做作’，怪不得之前你不理我，我好生气哦！”

“我还不是给你‘难相处’的初印象？”陈语嫣对答如流，“兰诗雅都和我说了，你抱怨过我很多次呢！还说我固执。”

“这个兰诗雅……”李艾米故作生气地嘟起嘴巴，“真是一个‘大嘴巴’！”

“我要告诉兰诗雅，说你说她是个‘大嘴巴’……”

两个女生的打闹声，顿时吸引了孟婉秋的注意，曾几何时，她也希望身边有几个好朋友，可碍于自己的缺陷，她总是孤零零地看着别人快乐地玩耍。是时候改变自己了吗？她不知道答案，但是，她忽然间有了一种想要交朋友的冲动，或许，这就是一种改变吧！

亲爱的，任何人都有表达自我的权利

今天的班会上，初一（1）班举办了一场别开生面的研讨会，研讨会的题目是——如今网络时代，对于学生来说是利大于弊，还是弊大于利？应不应该为了学习而关闭网络？

网络，可以说是当下热门的话题，家家户户都有网络，也离不开网络，所以当老师宣布研讨题目时，同学们一个个像是炸了锅一样的表达自己的想法，只见王子洋信誓旦旦地道：“我敢保证，网络时代对于学生来说是利大于弊的。”

“为什么？”同一小组的陈语嫣歪着头问道。

“那是因为网络的确给我带来了很多的益处，比如，我可以在网络上查找制作甜品的方法，可以了解各国的甜品文化，如果我没有网络，又怎么能够学习到我想要知道的东西呢？”说着，王子洋看向兰诗雅，“你认为呢？”

“我反而是觉得网络对我来说没有那么重要，比起在网上‘冲浪’，我更喜欢去图书馆解决问题。”说到这儿，兰诗雅顿了顿，“而且在我身边就发生过因为沉迷于网络走上歧途的例子，为了避免重蹈覆辙，我的家人每天只给我一个小时的上网时间，很多时候，我是不上网的。”

听罢，陈语嫣来了兴致：“什么例子，快说来听听。”

“是我的一个邻居，比我大六岁。”兰诗雅没有卖关子，“他曾经是一个品学兼优的男生，还被评为市里的三好学生。可是在他上初三的那一年，他迷上了网络游戏，他把用来复习功课的时间全部用来玩游戏了，而且还在游戏上充了不少钱，就因为这样，他没有能考上重点高中。”

“后来呢？”最爱听故事的王子洋接着问道。

“后来，他的家人非常生气，没收了他的电脑，可是他知错不改，改玩手机游戏了。前两年，他还迷上了网络直播。上课的时候，他在课堂上偷偷看直播，放学以后，他在房间里偷偷看直播。因此，他的学习成绩一落千丈，最后，连本科二批C类院校都没考上。”说着，兰诗雅补充了一句，“如果他没有接触网络，那么他一定会考上清华北大的！”

“哪有这么绝对？”王子洋发表了不同的看法，“如果他真的不想学习，那么就算没有网络，他还可以沉迷任何其他的东西，只要心思不在学习上，成绩就会一落千丈，所以，你不能一棒子打翻一船人。”

“我只是举了一个身边的例子。”兰诗雅接话道，“再说了，现在因为沉迷网络而影响学习的例子数不胜数，你敢否认，那些整日逃课去网吧里玩游戏的人，都不是优等生吗？相反，学习成绩优异的同学，他们都不会沉迷于网络，就好像咱们班长，她连手机都没有。”

“所以，她总是一副‘扑克脸’，那么死板，如果她肯打开网络的大门，她一定不会像现在这样连‘流行语’是什么都不知道，她的作文水平也会更上一层楼。”王子洋对答如流，“反正我就是觉得，网络给人带来的益处，一定多过于弊端。”

见王子洋和兰诗雅两个人你一句我一句争论个不休，陈语嫣转眼看向坐在一旁沉默不语的孟婉秋：“你呢？你觉得网络世界对于我们学生来说，是利大于弊，还是弊大于利呢？”

“我……”忽然被点名的孟婉秋顿时慌了神，“我不知道。”

“你不知道？”出乎意料的回答让陈语嫣不知如何应对，“什么意思？”

“我、我的意思是说，你们探讨就好了，你们说的都对，都有道理。”说罢，她尴尬地一笑，“我听着就好。”

“那可不行，”兰诗雅也看向孟婉秋，“这是研讨会，每个人都要发表自己的观点，你也是一样，你有发表自己观点的权利。”

“可是……可是我怕我说得不对……”孟婉秋怯怯地道。

“一千个人的心中有一千个哈姆雷特，你敢说谁对谁错？”陈语嫣苦口婆心，“刚刚王子洋和兰诗雅的观点大相径庭，但是你觉得他们说得都对，请问，这不是自相矛盾吗？”说罢，陈语嫣拍了拍孟婉秋的肩：“我知道你不擅于表达，但我相信你一定有自己的想法，所以，不妨说来听听？”

“我……我……”孟婉秋深吸一口气，“我的观点是，要有节制地上网，我觉得网络不仅仅是时代更迭的一个象征，它更重要的是填充了一个人的精神世界，所以为了学习而远离网络，这种观点我是不赞成的，因为网络也可以给学习提供很直接的帮助。但是一定要适宜、有节制，只有足够自律，才能够享受网络带给人们的益处。”

有条不紊的论述让在场的三个小伙伴目瞪口呆，因为，这可是他们第一次听到孟婉秋说这么多话，如果不是亲耳听见，他们简直不敢相信这一切是真的。陈语嫣没能掩饰住脸上的惊讶，直言快语道：“孟婉秋，没想到你的口才那么好！”

突如其来的夸奖让原本就忐忑不安的孟婉秋顿时红了脸。“我……我只是随便说说，而且我觉得我的观点有点儿模棱两可，并没有完全赞同命题，也没有完全反对命题，说的都是一堆无关紧要的废话。”说着，她抱歉地一笑，“我还是听你们说吧。”

“不，你说得很好。”兰诗雅接过话。“相比之下，我和王子洋的观点都相对片面，只有你的观点是合理的、周全的，所以，我举双手认同你的观点。”说着，她看向王子洋，“你觉得呢？”

“我也觉得孟婉秋的观点比我们的都好。”还沉浸在惊讶中的王子洋点点头，“不如，我们就用孟婉秋的观点做最后的小组总结吧！”

虽然在孟婉秋的强烈抗拒下，她并没有成为小组的代表发言人，但是她的观点得到了老师和同学们的一致认可，这一刻，她终于意识到了自己的优点，笑容也终于挂在了她的脸上。

谁都有缺陷，没有人会笑话你

研讨会一过，孟婉秋整个人显得开朗多了，这天早上，她还出乎意料地主动和陈语嫣、李艾米打了一声招呼，只见她站在校门口，对着恰巧走在一起的两个女生笑盈盈地道：“嗨！

你们早。”

“早……”陈语嫣顿了顿，小声嘀咕着，“真是太阳打西边出来了。”

相比之下，向来处事不惊的李艾米就显得淡定得多，她先是微微一笑，紧接着自然地挽上了孟婉秋的手，这才缓缓开口道：“早上好，婉秋同学。”

这一次，孟婉秋没有落荒而逃，只是羞涩地低下头，喃喃道：“我一早就看到你们了，可是……可是我不敢上前问候，好在我想到了你们曾经和我说过的话，所以我才鼓起了勇气……”

孟婉秋的一番话说得小心翼翼，但是却让李艾米无比的感动：“看到你正在一点一滴地改变自己，真是太好了！”

“就是！就是！”陈语嫣应和道，“只不过我觉得……”她不知道当讲还是不当讲，“我觉得你可以在你的形象上也做一些改变，比如说换一个发型，我发现你的斜刘海总是挡住你的半边脸，如果把你的脸露出来，会是什么样的呢？”

“不可以！”不知道为什么，孟婉秋忽然激动地捂住了脸右边颧骨的位置，似乎是觉得自己的举动有些突兀，只听她小声地解释道：“我……我这里有一个很难看的疤痕。”

听到这儿，陈语嫣倒吸了一口凉气。“真的假的？”说着，胆大心粗的她就用手拨开了孟婉秋的头发，霎时，一个三厘米的疤痕映入眼帘，疤痕呈“Z”字形，就像是一道闪电。猛地，她脱口而出：“好像是J.K.罗琳笔下哈利·波特额头上的疤痕哦！”

经陈语嫣这么一提醒，李艾米也觉得有些眼熟，她好奇地凑上前。“我还是第一次在现实生活中看到这么特别的疤痕。”说着，她看向有些不知所措的孟婉秋，“婉秋，我觉得语嫣说得对，你应该把你的脸露出来，其实你的样子非常可爱，而且，你的疤痕一点儿都不难看。”

“怎么可能……”孟婉秋急忙又把刘海遮回了原处，“你们就不要拿我开玩笑了，有谁希望自己的脸上有疤痕的？如果让别人看到，一定会嘲笑我的……”

“不会的。”说着，李艾米指向不远处的一个身材高挑的女生，“婉秋，你觉得那个女孩子漂亮吗？”

“漂亮，”孟婉秋看向女生白皙的皮肤，“她的眼睛像是小鹿的眼睛。”

“难道你没有注意到她脸上的雀斑吗？”李艾米提示道。“她是我小学的校友，曾经的她就像是现在的你一样，有些自卑，太在乎别人的看法，为了不让别人的注意力转移到她脸上的雀斑上，她整天戴着口罩上学，好在最后她克服了内心的恐惧，主动摘除了口罩，以真面目示人，结果呢？根本就没有人在意她脸上的雀斑。”说到这儿，她看向孟婉秋，“其实你所在意的事情，别人根本就不在意，况且，每个人的身上正因为有这样或那样的特质才显得与众不同，你的脸上有像‘闪电’一样的疤痕，它就是你身体的一部分，就是属于你的特质，你没有必要遮遮掩掩。”

李艾米动之以情，晓之以理，让孟婉秋顿时语塞。借此时机，陈语嫣清了清喉咙道：“没错，你没必要太在意别人的目光，我的哥哥陈羽航的额头上有一颗很大的痣，但是他从来都不会刻意遮挡，反而大大方方地露出了自己的额头，而且，他的朋友们从来都不觉得他的痣难看，所以，我建议你勇敢一点儿，既然要改变，那就以真面目示人，没什么可怕的。”

听到这儿，孟婉秋用手摸了摸颧骨上的疤痕说：“是这样吗？我觉得和雀斑还有痣相比，我的伤疤难看多了。”

“一点儿都不难看，”陈语嫣和李艾米异口同声。见况，李艾米笑着道：“如果你不相信我们说的话，我们去找兰诗雅，我相信兰诗雅一定不会说谎的。”

为了让孟婉秋直视真实的自己，陈语嫣在第一时间把兰诗雅拉到了走廊里，见四周无人，她拉了拉旁边的孟婉秋，对着她开口道：“人我帮你找来了，有什么话直说吧！她一定会如实回答。”

事已至此，孟婉秋深吸一口气，对着兰诗雅断断续续地道：“陈语嫣和李艾米让我换一个发型，可是……可是我的颧骨上有一个疤痕，我不想把它露出来，我觉得它非常难看，而陈语嫣和李艾米却说我想得太多，所以……我想要问问你的意见。”

听清了事情的来龙去脉，兰诗雅不动声色地眨眨眼睛。“每个人身上不都有疤痕吗？”说着，她看向孟婉秋脸上的疤痕。不看不知道，一看吓一跳，猛地，她睁大了眼睛：“天啊！和哈利·波特的疤痕一模一样，难道……你也会魔法吗？”

见事情的发展和自己预料的一模一样，陈语嫣禁不住笑出了声：“你看，大家看到你脸上的疤痕的第一反应都一样，根本就没有人认为它难看，反而觉得它很特别。所以啊，你就把你的心放到肚子里吧！”

果不其然，当隔日孟婉秋鼓起了勇气露出脸庞时，她的身边围了一群“粉丝”，还有人想要和她拍照呢！原本默默无闻的少女就这样在一夜之间成为全班同学的焦点，说实话，这完全出乎孟婉秋的预料，但不可否认的是，相比于把自己包裹在狭小躯壳里遮遮掩掩地过日子，这样的生活才更值得回忆。

如果他人用言语侵犯了你……

陈羽航有一个好朋友，名叫顾北北，是一个身材矮小的男生。

这天晚上，顾北北竟然背着书包跑到了陈羽航的家里要暂住一晚，原因是他寝室的朋友总是取笑他，他有家不能回，只好跑到陈羽航的家中“避难”，让陈羽航一时之间不知道如何是好。

趁着顾北北休息的时候，陈语嫣以散步的名义，把陈羽航约到了楼下的花园里。“哥！什么情况！一个我完全不认识的男生住到了咱们家，这抬头不见低头见的，我一个女孩子或多或少都有一些不方便。”

陈羽航深叹了一口气：“我也没办法，这个顾北北就像是长不大的小孩，总是在一些小事上斤斤计较。这不，就因为寝室的同学说他的名字像女生，他就赌气搬出了寝室，完全不计后果。”

听到这儿，陈语嫣撇撇嘴：“还别说，他的名字确实很像是女孩子的名字。不过，我觉得很好听，也很符合他的气质，他没有必要大动肝火，和自己过不去。”

“我反而觉得名字就是一个代号，无论好听还是不好听，也就那么回事。”陈羽航看着陈语嫣说，“你平时的鬼点子最多，你有什么好的主意？”

“不知道……”陈语嫣懊恼地摇摇头，“反正我是觉得他住在咱家不合适，而且，对他来说也并不是最好的选择，难道逃避就有用吗？明天一早，他还不是要回到学校去上课？”

或许是觉得陈语嫣的话有道理，陈羽航继续问道：“如果有人用言语侵犯了你，你会怎么办？”

“我肯定要回击的！”陈语嫣不假思索地回答道。“前些日子我还在学校遇见了一个女生，她的同学因为她从小就没有了父母而取笑她，她便一个人坐在椅子上哭，我知道了这件事情，当下就和她的同学吵了起来，还推了她同学一把，结果，她的同学唯唯诺诺地道歉了。”说到这儿，她轻哼一声，“反正我是绝对不会允许这种事情在我的眼皮子底下发生的，绝对不行！”

“这倒是很像你敢爱敢恨的性格，”陈羽航语气中有几分赞赏，随后问道，“那你觉得，现在的顾北北是在逃避吗？”

“没错。”陈语嫣点点头。“他就像是我遇见的那个女生，只知道一味地逃避，可是逃避解决不了任何问题，他的懦弱反而会成为别人的笑柄，这是一个恶性循环，所以……”陈语嫣顿了顿，“我们把他送回去吧！”

第二天，陈羽航和陈语嫣一同来到了顾北北所在的学校，站在眼前的几名男生正是顾北北的室友，只见他们一个个吊儿郎当，完全没有一副学生的样子，当他们看到顾北北站在陈羽航和陈语嫣的身后时，竟然讥讽地笑出了声，“咱们寝室的‘女孩子’回来了！”

面对对方刻意的嘲笑，顾北北非但没有站出来捍卫自己的尊严，反而转过身想离开。见况，陈羽航一把拉住了他的手腕，“陈语嫣说得没错，遇见事情你总是喜欢逃避，但是，逃避是解决不了问题的。”

“我……我能怎么办？”顾北北一脸的慌张，“我又不是智商有问题，我不想被任何人嘲笑！”

“现在慌不择路的你才是真正的傻瓜！”陈语嫣禁不住道，“如果我是你，我绝对不会允许任何人侮辱我的名字。身体发肤，受之父母，你身上的一切连同你的名字都是父母给你的，为什么要忍受他人的践踏！”

“我！”顾北北顿时语塞，“我懒得和你说！”

“你是根本就没有理由反驳我的观点！”陈语嫣直言快语，不顾陈羽航的阻拦大步上前，“我比你小，懂得比你少，但至少我懂得捍卫自己的尊严，我比你勇敢。”她转过身对身后的那几位比她高出一个头的男生道：“他选择逃避，而我选择迎难而上。”

或许是被陈语嫣不同凡响的气质镇住了，刚刚还嬉皮笑脸的几个男生顿时安静了下来。“我……我们就是和他开个玩笑。”只听其中一个皮肤黝黑的男生道，“谁知道他这么在意自己的名字和长相，我们没有恶意。”

“玩笑？”陈羽航眯起眼睛。“那好，现在我也和你们开个玩笑。你！又高又瘦，就像一根电线杆！你！又黑又丑，就像是黑炭头！你鼻子那么大，就像是一颗大蒜，上面长满了毛……”说着，他冷哼一声，“你们喜欢这样的玩笑吗！”

“不喜欢……”男生们自知理亏，只能把一肚子火往下压。

见况，陈语嫣接着道：“从今天开始，不可以再拿别人的名字和长相开玩笑，要不然……要不然我就让我哥给你们起新的、更加难听的外号！”

男生们陆陆续续地回到了寝室，留在原地的顾北北心有余悸地对着陈羽航道：“你的妹妹真是语出惊人，今日一见，果然不同凡响……”

“她啊，哪里都好，就是性子太直，快人快语，好在现在已经改正了不少了。”说着，陈羽航笑了笑，“不过，这一次你真得感谢我的妹妹，要不是她气势磅礴，我估计事情也不会这么快就解决的。”

“也是。”只见顾北北走到陈语嫣的身边，尴尬地一笑，“刚刚……谢谢你……”

“你不是‘懒得和我说话’吗？”陈语嫣故作生气地嘟起

嘴，“真是皇上不急太监急……”

“我的错，我当时一心想要逃避，所以胡言乱语。”顾北北道，“但是现在我的脑子清醒了，一时的逃避解决不了任何问题，我不应该那么懦弱，想出搬出寝室的下下之策，我要向你学习。”

“此话当真？”陈语嫣眉梢轻挑。

“当真！”只是说这话的时候，顾北北的肚子咕噜咕噜地叫出声，突兀的声音惹得大家相视一笑。这一刹那，小小的矛盾就这样轻而易举地解决了，可喜可贺，顾北北还是那个顾北北，但已然不是那个遇事只想要逃避的顾北北了。

偶尔保持沉默，并不代表一直忍气吞声

作为报答，顾北北请陈羽航和陈语嫣到学校隔壁吃麻辣烫。

餐桌上，白烟四起，辛辣的香气让陈语嫣直流口水。只见她杵了杵陈羽航的胳膊，说：“我真希望北北哥是我哥，这样，我就不用每天晚上在家里吃挂面了！”她顿了顿，又补了一句：“荣骏哥也行，至少他会做糕点。”

听完，略有不满的陈羽航将橙汁咚的一声放在了陈语嫣的面前。“连吃都堵不上你的嘴！”说罢，他看向顾北北，“真不好意思，我有一个贪吃的妹妹，让你破费了。”

“哪有，反而是我应该谢谢你们。”顾北北敞开心扉，“其实类似的状况困扰我很多年了，在我上小学的时候，就有人拿我的名字和长相开玩笑，他们说我像女孩子，嘲笑我的长相，嘲笑我的名字，还嘲笑我的声音，我非常难过，没想到上了中学，这种现象变本加厉，很少有人愿意和我交朋友……”

听到这儿，只见陈语嫣说道：“那都是他们的错，和你无

关。你没有必要用他人的错误惩罚你自己。”

“或许是性格使然吧，我没有你那么豁达的心胸。”顾北北自嘲地一笑，“通常情况下，我都会选择沉默，只有逼不得已时，我才会选择逃避。”

“所以，你变得越来越没有自信。”陈羽航意味深长地接过话，“我刚认识你的时候，是在英语补习班里，当时你给我的感觉就是一个上知天文下知地理的‘学霸’，你明明比我小一岁，但却和我同一个年级，而且学习成绩又那么优异，只是没有想到，你会那么在意别人对你的评价，变成现在这样……”

“一步错，步步错。”顾北北惭愧地道，“其实很多时候，我知道自己这么做有些懦弱，但是我没有办法说服我自己强大起来，因为我觉得那些伤害我的人说得没有错，我本来就像是女孩子，我应该忍气吞声。”

“真可笑，我还是第一次听到有人说‘我应该忍气吞声’。”陈语嫣心直口快，但或许意识到了“吃人嘴短”，她又急忙改口道，“我的意思是说，没有任何一个人在面对他人给予的伤害时应该忍气吞声，这是错误的。”

“好在，我现在已经意识到了自己的错误。”顾北北笑了笑，“我以后也不会那么幼稚了。”

这时，只见一个乞丐敲了敲隔壁桌的玻璃窗，并向餐桌前的两位女士做出了“乞讨”的动作。见况，其中一位抹着红唇的女士不满地皱起眉头，她第一时间叫来了服务生，对着他抱怨道：“你们餐厅门口为什么会有这么脏的人？我已经闻到他身上的臭味了，真恶心，这菜还怎么吃啊！”

面对突如其来的指责，服务生只能抱歉地笑了笑，“对不起，这位女士，我现在就帮您将他请走。”

“‘请’？”另一位短发女士禁不住冷哼出声，“一个乞丐也配用‘请’这个字吗？快去把他赶走！要不然，我们拒绝买单！”

听到这儿，陈羽航猛地站起身：“你们太过分了，乞丐也是人，为什么不能用‘请’这个字？你们太不懂得尊重别人了！”

见同她们讲话的是一个少年，红唇女士口气轻佻地道：“现在的小孩，就是不知道天高地厚，和那个乞丐一样令人生厌！”

“不许你说我哥！”陈语嫣强忍着怒气站起身，“你不懂得尊重他人，在我的眼里，你才是最令人生厌的人！”

“你们对长辈蛮横无理，你们能有多高尚？”说着，短发女生站起身，“走！我们不吃了！真扫兴！”

“欲人尊己先自尊，欲人爱己先自爱！”说完这话，陈羽航厌恶地皱起眉头，“难道你们大人不知道这个道理吗？”说罢，他走到女士的面前：“还有，你们别想吃‘霸王餐’，我们都是证人，你们休想逃单！”

面对兄妹俩的左右夹击，两位女士对视了一眼，只能老老实实地结了账，像夹着尾巴的黄鼠狼一样灰溜溜地走掉了。

随后，服务生向陈羽航和陈语嫣道谢：“真是谢谢你们，如果她们刚刚真的走掉了，我就没有办法向老板交代了。”

“没关系，路见不平，拔刀相助。”陈语嫣大大方方地摆摆手，“我们只是看不惯她们那一副目中无人的样子，每个人都有尊严，为什么她们可以无视别人的尊严，自己却摆出一副高高在上的样子？不公平。”

“物有千差，人有万别，说的就是这个道理。”说罢，陈羽航看向顾北北，“以后再有人对你冷嘲热讽，一定要像我们一样勇敢，尊重他人的同时，也要捍卫自己的尊严。只有这样，才不枉人生。”

这一次，顾北北没有说话，他只是静静地坐在那里，透过玻璃窗看着两位女士渐行渐远的背影，那一刻，他忽然后知后觉，原来，对一个人来说，尊严是那么的重要。

最怕的，就是一个人胡思乱想

孟婉秋有一个缺点——喜欢胡思乱想。

这天早上，兰诗雅像往常一样热情地同孟婉秋打招呼，可是孟婉秋却毫无回应，不仅如此，她还一副愁眉苦脸的样子，仿佛是发生了什么大事。见况，兰诗雅小心翼翼地用手指杵了杵她的肩：“喂！你没事吧？”

直至这时，孟婉秋才意识到兰诗雅的存在，只见她先是点了点头，紧接着摇了摇头，说了一句：“没事。”

“没事？”兰诗雅露出了一副“我早已经看穿了”的神情，“算了吧，你的‘不高兴’写得满脸都是，骗谁呢？”

或许是意识到遮掩不住，孟婉秋抿抿唇，喃喃道：“我的‘奶牛’不理我了……”

“‘奶牛’？”兰诗雅“咦”了一声，“你说的是大草原上吃草的‘奶牛’？”

“不是。”孟婉秋抱歉地笑了笑，“‘奶牛’是我去年收养的宠物猫，因为它的身上有黑白相间的斑点，所以我给它起名为‘奶牛’。它一直很听话，可是今天早上不知道怎么了，竟然不让我抱了，还对我龇牙咧嘴，我想，一定是我昨天晚上不小心踩到了它的尾巴，它记恨我了……”说到这儿，她垂下了眸子，深叹了一口气。

见况，兰诗雅不知道应该哭，还是应该笑。她说：“拜托，我还是第一次听到宠物猫会记仇的呢！依我看，一定是它不满你打扰了它的美梦，所以向你示威。”

“是这样吗？”孟婉秋一脸的担忧，“可是它从来都没有对我那么凶过，这是第一次，我担心……担心……”

“担心什么？”兰诗雅接过话，“所有的担心都是多余的，我劝你还是不要胡思乱想，专心准备今天的月考吧，否则，你的成绩会因此而受影响哦！”

不知道是不是兰诗雅“乌鸦嘴”，当天上午的语文考试和数学考试，孟婉秋通通都因为粗心大意写错了答案。只见原本就心慌意乱的她在食堂里红了眼眶：“怎么办？我这一次的考试一定是全班的最后一名！”

“怎么可能！你只写错了两道题而已。”陈语嫣急忙安慰道，“我写错了好几道题，我都不在乎。”

“或许，我每一道题都写错了，只是我不知道，或许，我会考零分！”孟婉秋越说越伤感，干脆把餐具推到一边，把头埋在胳膊肘里痛哭出声，“如果我真的考了零分，我的家人一定会不要我的……”

“没有这么夸张，”兰诗雅耐着性子拍了拍孟婉秋的肩膀，“就算是天塌下来，你也不会考零分，你的家人也不会抛弃你，还有，你的‘奶牛’不会不理你的。”说罢，她看向陈语嫣：“你快劝劝她。”

“我？”陈语嫣指了指自己鼻子，“是啊，我们向你保证，事情一定不会向你想象的方向发展，你所想象的一切，都是自己吓自己罢了，而且下午还要考英语，你千万不要因为胡思乱想，影响了你的英语考试。”

“我想，我的英语考试也一定会考砸的。”说着，孟婉秋吸了吸鼻子，做了一个深呼吸，“我有一种非常强烈的预感，今天，会是我有史以来最倒霉的一天，我死定了！”

果不其然，下午的英语考试中，孟婉秋又因为心不在焉选错了一道选择题。当她意识到自己的错误时，她即刻红了眼眶：“我早就说了，我一定会考砸的，现在，我三科考试都有可能考零分！我一定会拉低全班同学的平均成绩的！”

“拜托，求你不要再胡思乱想了……”陈语嫣的耐心已经到了极限，“放轻松，沉住气，不管怎么样，三科考试已经考完了，无论你考满分还是零分，都已经成了过去式，你就不要再发挥你的想象力了。”

殊不知孟婉秋猛地抬起头：“语嫣，你……你是不是也不喜欢我了？”

“怎么可能？你可是我在班级里交到的第三个好朋友。”陈语嫣哭笑不得地张开嘴，“这样，从现在开始，你什么都不要想，你要做的，就是回到家后好好地看看你的‘奶牛’，然后静静地等待考试的结果，好吗？”

“嗯。”这一次，孟婉秋乖乖地点了点头，没有了下文。

事情的结果究竟怎么样了呢？

原来，“奶牛”并没有因为孟婉秋不小心踩到了它的尾巴而记恨她，而是它的肚皮不小心被划了一个小小的伤口，那一天不知情的孟婉秋不小心碰到了它的伤口，所以“奶牛”才对她龇牙咧嘴的。至于月考的成绩，孟婉秋虽然白白丢了好几分，但是她的总成绩却是班级的第八名，所以，她所顾虑的一切，都是杞人忧天。

可见，人在很多时候都是自己吓自己，明明是无中生有的事情，却总在想象力的驱使下小题大做，最终让原本四平八稳的心忐忑不安，闹到一发而不可收的地步。何必呢？

不必模仿他人，塑造属于自己的人格魅力

自从陈语嫣立志当一名艺人，她无时无刻不在关注演艺圈的动态。最近，她更是迷上了一个新生代小明星，她喜欢她蓬松的卷发，喜欢她天仙般的容颜，还沉迷于她天籁般的嗓音和说话时温声细语的口气。

为了更好地实现自己的梦想，陈语嫣干脆用卷发棒给自己烫了一头“卷毛”，她还学着偶像的样子把睫毛夹得翘翘的，最夸张的是她说话时的声音和表情，刻意的嗲声嗲气让人听得不寒而栗。

于是周一的早上，陈语嫣成了万众瞩目的焦点。

王子洋是第一个壮着胆子和陈语嫣搭话的：“你……你的头发怎么了？你的眼睛……看起来也怪怪的……”

陈语嫣听后非但没有生气，反而矫揉造作地扭了扭身子，“这是人家的新发型啦！其实，人家本来就是自然卷，还有，不要盯着人家的睫毛看个不停，真是讨厌……”

“啊？”王子洋一愣，猛地咽下了因为忐忑而滋生的唾液，“陈语嫣，你到底怎么了？你说话的声音也是怪怪的……”

“人家从今天开始要做一个温柔的女孩子。”说着，陈语嫣浅笑着眨眨眼睛，“我知道你现在还很不习惯，但是，你以后一定会习惯的。”

无奈之下，王子洋找到了坐在课桌前生闷气的兰诗雅说：“诗雅，陈语嫣她怎么了？她没事吧？”

“我懒得理她，”兰诗雅嘟起嘴巴，一字一顿，“她昨天在电话里和我说，要效仿她的偶像改变自己的形象，当时我就极力反对，我还说如果她真的把头发弄成卷的，我就和她绝交，没想到她不听劝，真的弄成了这副样子，气死我了！”

“原来她是在效仿自己的偶像啊……”王子洋顿时茅塞顿开，“怪不得她说话的样子也怪怪的，只是，她似乎失败了……”

与此同时，李艾米转过身子，看向陈语嫣精心护理过的头卷发：“亲爱的，你的头发真好看！”

这可是陈语嫣今天听到的第一个赞美，霎时，她有点儿受宠若惊。“真的吗？”她羞涩地用手捂住嘴巴，掩饰她内心的兴奋，“我也觉得我很适合卷发，而且，我还想把头发染成棕色的，就像我的偶像一样。”

“听起来不错，可是……”李艾米拉长了尾音，“可是那就会变得越来越不像你自己了。”

“什、什么意思？”陈语嫣半懵半懂地眨眨眼，等待着李艾米的下文。

见况，李艾米笑着道：“想想看，就算你任何事情都模仿你的偶像，无论是发型还是妆容，就连说话的声音和口气都模仿得惟妙惟肖，那又能怎么样呢？每个人在这个世界上都是独一无二的，你成不了她，但你已经不是你了，不是吗？”

李艾米的一番话像是在说绕口令，但不得不说有她的道理。可陈语嫣不信邪，只见她无畏地耸耸肩，眉梢轻挑：“我就是喜欢现在这个样子，现在的我和以前的我相比，漂亮多了！”

“对，现在的你才是真实的你，”李艾米指了指陈语嫣因为气愤而抱在胸前的双臂，“刚你说话眉飞色舞的样子，才是真正的你，我们大家熟悉的你，才是我们喜欢的你。”

听到这儿，等候多时的王子洋即刻插话道：“没错，我还是喜欢你以前的样子，虽然没那么温柔，但是直接、开朗，是你原本的个性，但是现在……”他有些词穷，“你变得陌生了很多，我都不敢和你说话了……”

“拜托，难道我现在的样子不好吗？”陈语嫣大为不解地皱起眉头，“温柔也有错？”

“温柔也要适度，而且，这不是你应该有的温柔。”说着，李艾米提了个醒，“还有，我们现在还只是学生，学生最大的责任是学习，有梦想是好事，但是不能为了梦想耽误大事，想当艺人，也要好好学习，才能考上理想的艺校，对吗？”

“这话说得没错……”陈语嫣喃喃着，不再反驳。

“所以啊，不要花费太多的时间和精力在模仿别人的事上，在正值青春的年纪，做最真实的自己，才是上上之策。”说罢，李艾米看向王子洋，“你觉得呢？”

“我赞同你说的话，”王子洋不假思索地道，“不必模仿任何人，因为你本就具有自己的特质，有属于自己的人格魅力。再说了，很多东西是模仿不来的，如果在不适宜的年纪模仿不适宜的对象，那就会变得不伦不类……”似乎是意识到自己的话过于直接，只见王子洋嘿嘿一笑，说道：“反正，我就是喜欢你以前的样子。”

最后，在李艾米和王子洋的劝说下，陈语嫣终于把一头卷发扎了起来，说话也不再扭扭捏捏、嗲声嗲气的了。不知道为什么，当她做回真实的自己时，忽然间觉得轻松了很多。“还是做最真实的自己舒服！”她由衷地感叹道。

没错，每个人都有自己的风格、自己的特质，你不必模仿任何人，开开心心地做独一无二的自己，才是最正确的选择。

第四章
高情商，助你搭起友谊的桥梁

即使是好闺蜜，也有为一颗糖拌嘴的时候

陈语嫣和兰诗雅吵架了，原因是闺蜜俩本约好这个周末到电影院看电影，可是陈语嫣却因为睡过头了耽误了时间，最后导致兰诗雅白白等了两个多小时，买好的电影票也跟着浪费了。

所以，兰诗雅当下发誓，从此与陈语嫣“不相往来”！

兰诗雅没有食言，往后两三天，她都把陈语嫣当作空气，视而不见，只要有陈语嫣在的地方，她都躲得远远的，美其名曰“眼不见心不烦”。这可愁坏了陈语嫣，自知理亏的她一个头两个大，完全拿兰诗雅没有办法。

这天下午，只见孟婉秋小心翼翼地凑到陈语嫣的跟前，吞吞吐吐地问道：“你……和兰诗雅还没有和好？”

“明知故问，”心情不美丽的陈语嫣嘟着嘴，气不打一处来，“我已经和她解释过了，可是她根本就不理我，真是莫名其妙。”

“明明是你有错在先，现在还说人家‘莫名其妙’？”孟婉秋提醒道，“请问，你有没有正儿八经地向兰诗雅道过歉？九十度鞠躬，说‘对不起’的那一种？”

“那倒没有。”陈语嫣撇撇嘴，“大家都是朋友，为了这点儿小事至于吗？再说了，我和她认识也不是一天两天了，我们在小学的时候就是同学，我的性格她很清楚，让我规规矩矩地道歉，门都没有！”

见况，孟婉秋无奈地摇了摇头。“我可听说，那两张电影票是兰诗雅攒了两个月的零花钱才买到的，而且，她没有先进入电影院看电影，而是在电影院门口等了你两个小时，直到电影已经散场了，你还没有出现……”说到这儿，孟婉秋压低了声音，“这件事情，的确是你做得太过分了。”

“我不是故意的，我醒来的时候已经迟到了，我以为她一个人去看电影了，我就又睡了一会儿……”说着，陈语嫣顿了顿，“反正，我知道我有错，我也解释过了，她爱信不信，不信拉倒！”

强硬的态度加上毫无悔过之心的口吻，让孟婉秋顿时有些语塞：“所以，即便兰诗雅一辈子生你的气，一辈子不和你和好，你也无所谓？”

猛地，陈语嫣的心头一颤：“她不会吧？”

“为什么不会？”孟婉秋有感而发，“将心比心，如果换作是我，我的闺蜜放了我的鸽子，还不和我道歉，我肯定会失望透顶的。毕竟，友谊是要两个人共同维护的，如果另一方不重视我们的友谊，那我为什么还要死守在原地呢？或许，我可能会结识到更多、更好的朋友。”

听到这儿，陈语嫣忽然意识到了事情的严重性，她不会真的一辈子不理我了吧……想到这儿，她看向孟婉秋：“那我现在应该怎么办？”

“真诚、主动地向她道歉，比起你们的友谊，你此时此刻的面子简直一文不值。”说罢，孟婉秋拉起陈语嫣的手，“别犹豫了，我陪你一起去。”

站在兰诗雅的面前，陈语嫣只觉得自己的心快要跳出胸膛。“那个……”她似乎还没有做好心理准备，“我有话和你说。”

只见兰诗雅看了看手腕上的电子表，冷言冷语地道：“我只给你三分钟的时间，三分钟后，我还要去图书馆。”

“我想说……”陈语嫣深吸了一口气，硬着头皮道，“对不起啊，那天我睡过了头，放了你的鸽子，浪费了你的零用钱，我……我以后一定尽力偿还……”她抬起眸子，怯怯地问道：“你可以原谅我吗？”

始料未及的道歉让兰诗雅的心猛地一颤，霎时，她有一种想哭的冲动，但被她忍住了。“三天了，你才想到和我道歉？”她轻笑一声，“我的耐心早已经到了极限，你已经错过了道歉的黄金时期。”

“道歉还分黄金时期？”陈语嫣诧异地看着孟婉秋，“这一点你没有和我提起过。”

见况，“和事佬”孟婉秋尴尬地一笑，“兰诗雅，陈语嫣已经意识到了自己的错误，其实，她很早就想要和你道歉了，但是一直都没有抹开面子。现在，她鼓起勇气向你承认了错误，你就原谅她吧！”

可是兰诗雅并不这么认为。“说到底，你并不是主动想要和我道歉？”她看着陈语嫣，眸子里闪过了一丝失望，“看来，你还没有意识到自己的错误。”

“我意识到了。”陈语嫣急忙道，“我不应该睡过头，不应该把你一个人丢在电影院的门口，不应该……不应该浪费你的一番心意……”说到这儿，她跺了跺脚，问：“我意识到的还不够吗？”

“不够。”兰诗雅摇了摇头，“我最在意的，是你没有第一时间向我道歉，虽然我是你的好朋友，但并不代表我不需要被尊重，你的错就是你的错，我没有看到你的态度，现在，也是如此。”

“我……”陈语嫣顿时语塞，“我不知道你那么在意我的态度，其实我……我……”

“你的态度，代表着你对我们友谊的重视程度。”兰诗雅打断了陈语嫣的话，随后，她看了看手表，“三分钟到了，我要走了。”

“别、别走！”看着兰诗雅离开的背影，陈语嫣只觉得自己心如刀割。

说实话，向来大大咧咧、心直口快的陈语嫣并不知道什么才是真正的友谊，但是，她真的很希望和兰诗雅做地久天长的好朋友，因为在她最迷茫的时候，只有兰诗雅一个人陪在她的身边，所以今天的变故，对她来说是个晴天霹雳。

随之，孟婉秋拍了拍陈语嫣的肩，说：“其实我挺羡慕你的，至少你有一个肯把你放在心里的好朋友，而我却没有。”

“羡慕我？”陈语嫣自嘲地一笑，“羡慕我和她吵架？”

“因为在意，所以才会和你置气啊！”孟婉秋一语惊醒梦中人，“语嫣，你一定要好好珍惜这份友谊，学会站在对方的立场上思考问题，错了就主动认错，不要让对方失去耐心，只有这样，友谊才会地久天长。”

听到这儿，陈语嫣抿抿嘴：“你的意思是说，她会原谅我。”

“那是当然了，朋友之间难免磕磕碰碰，只要你足够真诚，她一定会原谅你的！”说着，孟婉秋做出了一个“加油”的手势，“加油！”

“好吧，”陈语嫣直起身，深吸一口气，“我知道了，我一定会好好地向她表明我的态度，直到她原谅我为止。”

点到为止，不要一味强调说“你错了”

今天是“电影院事件”发生后的第四天。

一大早，只见陈语嫣笑嘻嘻地坐到了兰诗雅的身边，她先是用手戳了戳兰诗雅气鼓鼓的脸蛋，紧接着从口袋中拿出一个精致的小礼盒，轻轻地说了一句：“送给你的！”

殊不知兰诗雅还在置气，只见她转到一边，还往过道上挪了挪，脱口而出了一句：“我不需要。”

“这可是我为你精心挑选的，花了我一周的零用钱呢！”说着，陈语嫣顿了顿，“当然，和电影票的钱相比确实是少了一点儿，但它已经用光了我全部的积蓄，而且，我知道你一定会喜欢。”

面对陈语嫣提前准备好的措辞，兰诗雅丝毫不为所动，反之，她站起身，径直走出了教室，用冷漠的背影拒绝了陈语嫣的再一次好意。见况，陈语嫣瞬间像是泄了气的气球一样，脸上的笑容也渐渐消失不见了。

走廊里，孟婉秋轻手轻脚地走到了兰诗雅的身边，为了不激起她的反感，她故作轻松地说了一句：“今天的天气真不错。”

“你想要表达什么？”兰诗雅看着孟婉秋，深邃的眸子一眯，“别告诉我，又是陈语嫣派你来的。”

“是我主动来的。”孟婉秋莞尔一笑，露出了一对梨涡。“我昨天晚上看到她在饰品店里给你挑选礼物，因为身上的钱不够，她一个劲儿地和老板讨价还价，最后还主动跑到门口帮老板拉客人，这才买下了她心仪的发饰。”说到这儿，她歪了歪头，“这些你不知道吧？”

“不知道……”兰诗雅轻轻摇了摇头，口气也随着心绪波动温柔了不少。

见况，孟婉秋接着道：“其实陈语嫣在我的心里一直是一个‘女汉子’的形象，她敢爱敢恨，喜欢打抱不平，性格大大咧咧，缺少一份女生应有的细致，所以当我看到她为了你向老板撒娇的时候，真的觉得她是一个值得珍惜的朋友。”

听到这儿，兰诗雅彻底陷入了沉思，沉默了许久，只见她抬起头来，缓缓开口：“我是不是也有点儿过分了？”

“我理解你的气愤。”孟婉秋想了想道，“如果我的闺蜜做出这样的事情，我也会很生气的，但是，我不会在对方承认了错误之后依旧保持冷漠的态度，谁都有犯错的时候，知错能改，善莫大焉，不是吗？”

“我也觉得我的态度有点儿强硬，”兰诗雅自我检讨道，“但我又觉得错误不在我的身上，我这么做没有错，我的心里也很矛盾。”

“或许吧。”孟婉秋温声细语地道，“可无论怎样，你们都是好朋友，不是吗？很多事情点到为止是最好的状态，而不是一味地强调‘你错了’，作为好朋友，你也要顾及对方的情绪，各退一步，否则，这段友谊就真的走到尽头了。”

孟婉秋动之以情，晓之以理，她的话像一股温暖的微风滋润了兰诗雅的心田，她嫣然一笑：“谢谢你，我好像明白了。”

“明白了什么？”孟婉秋眨眨眼。

“明白了一些做人的道理，不管谁对谁错，一个巴掌拍不响，一段友谊出现了裂痕，双方都有责任，陈语嫣有责任，我也有责任，我不应该抓着她的错误不放，我应该宽容、大度，接受她的道歉才是。”她看着孟婉秋说，“谢谢你。”

“不客气。”孟婉秋会意地指了指教室的方向，“趁着时间还早，快和你的好朋友表达你的心意吧！”

与此同时，陈语嫣一个人坐在自己的课桌前唉声叹气，她一会扯扯自己的头发，一会儿整理自己的衣袖，全然一副魂不守舍的样子，直至兰诗雅走到了她的身边，她才缓过神儿来。陈语嫣问：“你……你怎么来了？”

“我来向你炫耀我最好的朋友送我的发卡，”说着，兰诗雅晃了晃别在头发上的蝴蝶结，“怎么样，好看吗？”

“好、好看。”陈语嫣顿时有些语无伦次，“你的好朋友眼光不错。”

“那是当然，”兰诗雅恢复了古灵精怪的语气。“对了，我有很多的话想要和我的好朋友说，我想和她说，其实我也有很多不对的地方，我不应该和她置气，不应该把所有的错误推到她的身上，不应该当着所有人的面说‘她错了’。”说着，她对着陈语嫣眨眨眼，“你说，我的好朋友会不计前嫌，和我做朋友吗？”

“岂止是朋友，她愿意和你做一辈子的朋友！”说完这句话，陈语嫣猛地站起身，一把把兰诗雅抱在了怀里，“对不起，真的对不起……”

“没关系，”兰诗雅红了眼眶，哽咽着道，“这几天真的很难熬，我不想失去你。”

“我也是。”陈语嫣吸了吸鼻子，破涕为笑，“下一次，下一次换我请你看电影，我可以等你三个小时，不！四个小时，只要你高兴。”

“我不会让你等我的，”兰诗雅摇了摇头，“因为，我们是最好的朋友啊！”

在所有同学的见证下，陈语嫣和兰诗雅终于重归于好，这一刹那，窗外的云雾散去，取而代之的是无比明媚的阳光。同时，小小的插曲也让他们明白了友谊的力量。真正的友谊，其实经得起大风大浪，只要真心实意，象征友谊的小船一定不会说翻就翻。

把“意见”改成“建议”

一波刚平，一波又起。

陈语嫣和兰诗雅刚和好不久，周周和她的亲妹妹周小周就因为“迟到事件”闹了不愉快。这天午休，只见周周在食堂里找到了周小周，当着所有人的面指着她的鼻子道：“按长幼，我还是你的姐姐，你有什么权力每天对我指手画脚！”

猛地，现场一片哗然。

见况，坐在周小周身边的李艾米急忙站起身，把周周拉到了一边：“怎么回事？有什么事情是不能私下解决的？非要当那么多人的面让你的妹妹下不来台？毕竟，你们是一家人！”

“如果可以，我才不想要和她成为一家人呢！我讨厌她！”说着，周周含着泪跑开了。

见况，兰诗雅和陈语嫣也凑到了周小周的身边，只见兰诗雅用手在周小周的眼前晃了晃，轻言轻语地道：“你没事吧？”

“没事……”周小周尴尬地一笑，随之将餐盘拿到了一边，“抱歉，我没有胃口，你们吃吧。”

与此同时，李艾米气喘吁吁地赶了回来。“周小周！”她叫了周小周的名字，并快步走到了她的面前，“到底是怎么一回事？你把事情说清楚，我们才可以帮你出主意，你知道的，我们和周周之间……不知道应该如何沟通。”

“没错。”兰诗雅急忙附和，“是不是她又欺负你了？你快说，我们给你评评理。”

见所有人都在替她说话，周小周一时之间哽咽了。“今天的事情确实是我的不对……姐姐是因为我早上关掉了闹钟，所以才迟到的。”说着，周小周低下头，“我也只是一时生气，因为每次我叫她起床，她都赖床……”

听到这儿，大家伙儿总算听出个所以然了。“原来是这么一回事，怪不得周周发那么大的脾气。”李艾米边自语，边用手杵着下巴，“那她为什么刚刚说，你总是对她‘指手画脚’？你还做了什么事？”

“我没有做什么事，我只是最近给她提了几个意见。”周小周道，“她这个人脾气暴躁，总是目中无人，不懂礼貌，我和她单独在一起的时候，曾给她提出了几个意见，告诉她要如何改正，可是她总是辜负我的一片好意，还说我烦。”

“会不会是你的言语太直接了？”兰诗雅猜测道，“周周的内心非常敏感，如果你的语言过于直接，会伤害到她的自尊心。”

“我是她的亲妹妹，难道我会害她吗？”周小周极力控制着自己的情绪，“我给她提意见，是希望她改掉自身的陋习，就算是她不喜欢，排斥我的举动，我还是要和她说这些，不然，她永远意识不到自己的错误。”

“可是，提意见也要注意你的方式，”李艾米接过话，“温声细语地提出意见，和声色俱厉地提出意见，给人的直观感觉是不一样的，直截了当地提出意见，和旁敲侧击地提出意见效果也会不一样，这是一门大学问。”

听到这儿，周小周想了想。“每一次我向她提出意见的时候，都在气头上，所以，我都是直截了当，绝不拖泥带水，”说罢，她抬起头，“难道……真的是我的沟通方法出现了问题？”

“或许吧。”兰诗雅笑了笑，“我觉得，与其说是‘意见’，不如改做‘建议’。‘意见’这个词给我的感觉总是太过于直白、强势，相反‘建议’这个词就温和了很多，点到为止，让对方自己做出结论，这不是更好吗？”

“点到为止，让对方自己做出结论……”周小周思考后点头道，“我怎么想不到呢？”

“或许，你是没有站在对方的立场上思考问题吧？”这时，一直插不上话的陈语嫣伸出一根手指头，开了口，“没有人喜欢被批评的，更没有人喜欢别人把思想强加给自己的那种感觉，每个人都是独立的个体，都有独立思考的能力，相比于‘意见’，‘建议’更加合理，更能令人接受。”说到这儿，陈语嫣看向兰诗雅，问道：“我的理解没有错吧？”

“没错，”兰诗雅会心地一笑，“保持下去，再过不久，你就会成为别人的‘心灵导师’了。”

兰诗雅的这句话是在开玩笑，但是听到陈语嫣的心里，却激起了千层浪。要知道，曾几何时，她也是一个蛮横无理，不懂礼貌的顽劣少女，但自从上了中学，认识了更多性格迥异的人之后，她的态度一点点地发生了转变，性格也变得柔和多了。

与此同时，周小周也陷入了沉思。她想，或许这一切真的是她的错，虽然她表面上平易近人，很好相处，但是她却在无形中给了她的姐姐周周太大的压力，再加上今日对她提出的几个意见，引起对方的反感也是情理之中。

想到这儿，周小周深叹了一口气。“是我的问题。”她淡然一笑，“我会向她道歉的。”

见况，李艾米欣慰地点点头，说：“我也相信，你们姐妹一定可以打破心中的芥蒂，成为一对知心姐妹的。”

这个世界上没有一朵花，是不希望被赞美的

周周和周小周的矛盾给了陈语嫣很大的启发，这天闲来无事，只听陈语嫣对着陈羽航道：“哥，我发现人际交往确实是一门学问，在与人交往的某些时候，正话要反着说，反话要正着说，实话要虚着说，虚话要实着说，真是够麻烦！”

陈羽航听后宠溺地摸了摸陈语嫣的头，说：“傻妹妹，你不知道的事情还多呢，比如说，与人交往还有很多的小诀窍，只要掌握了这些小诀窍，往往事半功倍。”

“什么小诀窍？”陈语嫣顿时来了兴致，“教我一个！”

见陈语嫣难得好学，陈羽航也没有兜圈子，只见他想了想，脱口而出了两个字：“赞美。”

“赞美？”陈语嫣丈二和尚摸不着头脑，“这算是什么小诀窍？胡说八道！”

“我没有胡说八道，这可是人际交往中的大智慧。”陈羽航看着陈语嫣的眼睛说，“妹妹，我觉得你今天有点儿不一样，你的眼睛格外炯炯有神，里面仿佛装着星辰大海，特别迷人。”

忽然的夸赞顿时让陈语嫣脸红心跳。“什么情况？”她摸了摸自己的脸，不好意思地笑着道，“你也太会说话了。”

见况，陈羽航没头没脑地问了一句：“心情怎么样？”

“还不错。”陈语嫣点点头。

“这就是赞美的力量，”陈羽航没绕弯子，随之步入正题，“刚刚我在不经意间赞美了你的眼睛，你作出的反应就是最好

的答案。在人际交往中，赞美可以快速拉近两个人之间的距离，所以，我希望你也不要吝啬对他人的赞美。”

听到这儿，陈语嫣似懂非懂地点点头：“我明白了，只要逢人就夸，准没错！”

“那可不行！”陈羽航急忙摆摆手。“赞美也是一门学问，如果使用不当，则会适得其反，给人一种虚情假意的感觉。”说着，他坐直了身，“赞美一定要真实，要由心而发，恰如其分地赞美对方，同时，赞美不能笼统，而是要注重细节，这样才能起到‘润物细无声’的效果。”

“‘润物细无声’？”陈语嫣重复了一句，等待着陈羽航的下文。

见况，陈羽航接着道：“还有，赞美一个人一定要真诚，很多时候，在人的面前赞美，和在人的背后赞美，效果也不一样。如果当着当事人的面一直说他的好话，那么对方会认为你在阿谀奉承，在刻意讨他的欢心，但当你在背后依旧赞美他，他便会觉得你是真心实意的。所以，千万不要人前一套人后一套，赞美他人是一种真诚，而不是敷衍。”

听到这儿，陈语嫣大致明白了陈羽航的意思，她先是点点头，紧接着总结道：“你的意思是说，赞美他人一定要实事求是，不能夸大其词，否则会给人一种‘说谎’的感觉，同时，也要注意自己的态度，不要单纯地为了赞美而赞美。”

“差不多！”陈羽航欣慰地一笑，接着道，“值得注意的是，在赞美一个人的时候，一定要恪守原则和底线，你可以让自己的言语适当的夸张，但是不能太过于夸张，不能脱离实际情况，避免让对方觉得你缺乏真诚。总而言之，最让人接受的赞美往往是朴实无华的，发自内心的，只要你的心是真诚的，对方一定会感受到你的善意。”

真没想到，简简单单的“赞美”，竟然会牵扯到这么多的大道理，让陈语嫣顿时茅塞顿开。只是当下，她忽然想到了一个问题：“哥，你说周周和周小周的感情不和，是不是因为周小周总是获得赞美，而周周得不到赞美？”

“有这个可能。”陈羽航分析道，“嫉妒是魔鬼。我猜，周周一定是嫉妒周小周比她更受欢迎，所以才把周小周当作是眼中钉、肉中刺的，除此之外，我想不到第二种解释。”说罢，陈羽航出了一个主意：“如果没有人赞美周周，那么，你就去赞美她吧！”

“周周的脾气那么差！我赞美她岂不是很奇怪？”陈语嫣把头摇成了拨浪鼓，“我不要，我实在想不出如何赞美她！”

陈羽航又道：“每个人的身上都有自己的强项。难道，周周在你的眼中就没有强项？”

“她……”陈语嫣皱起眉头想了很久。“和周小周相比，她似乎更会穿着打扮，更能抓住一些流行的元素。”说着，她看向陈羽航，“该不会要我赞美她‘擅长打扮’吧？”

“有什么不行？”陈羽航耸耸肩，一脸的云淡风轻，“我刚刚已经说过了，越是细小的细节，就越能打动人心，我想，或许你可以和周周成为朋友哦！”

没错，赞美可以快速拉近两个人之间的距离，无论“有话聊”还是“没话聊”，赞美都会让人心情愉悦，但赞美要恰如其分，真情实意，否则会有阿谀奉承之嫌哦！

小心，你的强势只会让人敬而远之

最近这段时间里，陈语嫣反思了很多自身的不足，也渐渐意识到了人际交往是一门高深莫测的学问，现在的她理性、温柔，和曾经强势的她判若两人，不知不觉间，她身边的好朋友也多了。

这天上午，隔壁班的一个女生在走廊里找到了陈语嫣，她个子不高，梳着两个可爱的丸子头，笑起来脸上有浅浅的酒窝。她先是对着陈语嫣做了一番自我介绍，紧接着递上了亲手做的寿司："我想和你做个朋友。"

"向多多？"陈语嫣重复了女生的名字，犹豫着接过了向多多递来的寿司，"我们……好像并不认识。"

"你不认识我，但是我认识你！"向多多开朗地一笑，露出了一对小虎牙，"你曾经帮过我们班的同学，所以，我听过关于你的'传奇故事'。我呢，很喜欢交朋友，思来想去，我还是选择和你交个朋友，免得留下遗憾。"

提到了她曾经帮过的女生，陈语嫣禁不住问道："她怎么样，现在还好吗？"

"她挺好的，自从那天开始，再也没有人嘲笑她了，她也变得开朗多了，"向多多嘿嘿一笑，"都是你们的功劳。"

"我只是路见不平，拔刀相助，"陈语嫣不好意思地摸了摸耳朵，"没想到举手之劳，真的会给他人带来益处。"

"这就是我欣赏你的原因，"向多多直言快语，"陈语嫣同学，以后还请多多关照。"

回到班级的时候，只见王子洋的小鼻子猛地吸了吸，就像是发现了新大陆似的惊叫道："沙拉，我闻到了沙拉的味道。"

“给！都给你。”为了避免王子洋节外生枝，陈语嫣将向多多送来的一盒寿司全部塞到了王子洋的手中，“真是奇怪，以前我想要交朋友，可是一个朋友都交不到，可是现在，隔壁班的女生竟然主动找到我，说想要和我交朋友……你说，她会不会是笑里藏刀，其中有诈？”

“拜托，你真是越来越像孟婉秋了——喜欢胡思乱想。”说着，王子洋将寿司塞到了嘴巴里，随之细细地品了品，“沙拉太多，黄瓜不够脆，但这糯米却可圈可点，呃……真香……”

见况，陈语嫣一把抢回了寿司，撇撇嘴道：“叫你吃，你还真吃？我还要分享给我的好朋友们呢！”

“切！”王子洋意犹未尽地擦擦手，“女生，就是善变！”

几乎在同一时间，座位上的李艾米回过头，对着陈语嫣开门见山地道：“语嫣，今天中午有没有时间？我的好几个朋友都想要认识你，要不要和我们一起共进午餐？”

“你的朋友？”陈语嫣愣了一愣，“想要认识我？”

“是啊！”李艾米不假思索地点点头，“我和他们讲了关于你的故事，他们都很喜欢你爱恨分明的性格，想要和你见面呢！”说着，她出了一个主意：“如果你觉得尴尬，就带上兰诗雅，你们两个相互做伴。”

突如其来的邀约让陈语嫣顿时有些慌乱：“真是奇怪……”她自嘲地一笑。

“怎么了？”李艾米诧异地眨眨眼睛。“没、没有，”陈语嫣急忙摆摆手，慌里慌张地解释道，“我、我的意思是说，最近总有人想要和我交朋友，真是奇怪！”她边说，边掂了掂手上的寿司：“你看，刚刚有一个叫向多多的女生，也想要和我交朋友，还送了我一盒寿司，我盛情难却，只能接下了。”

听到这儿，李艾米笑出了声："这难道不是一件好事吗？"

"好事？"陈语嫣顿了顿。

"没错，是好事。"李艾米一本正经地点点头，"其实啊，我一直都觉得你是一个很不错的女孩子，性格开朗，做起事来雷厉风行，风风火火，但就是有点儿强势，所以想要和你做朋友的人都对你敬而远之。但是现在的你不一样了，你不再强势，反而学会了站在对方的立场上思考问题，所以，大家都争先恐后地和你交朋友，你的朋友也就越来越多了。"

"是这样吗？"陈语嫣看起来有些不自信，"我并不觉得我的变化有那么明显，我只觉得，我好像没有那么容易生气了。"

"那是你不自知。"王子洋说。"你的变化，大家都看在眼里，和刚认识你的时候相比，你变得大度了，有礼貌了，最重要的是你不再强势了。"说着，他指向课桌的正中间，"这条'三八线'还是你主动擦掉的呢！"

"那……那是因为以前我不了解你，现在我了解你了，自然就不需要'三八线'了。"说着，陈语嫣吐了吐舌头，"不过，这种被信任的感觉还不错。"

"是啊，所以一直以来，我都非常喜欢交朋友，我需要朋友的相伴，朋友也需要我的相伴，我们相互陪伴，这种爱与被爱的感觉非常的美妙。"说罢，李艾米拉起了陈语嫣的手，"亲爱的，你就答应我吧，不然，我没有办法向我的朋友们交代。"

"那……好吧。"陈语嫣尴尬地笑了笑，"但下不为例，我还真不习惯一下子拥有那么多的朋友，我会无暇顾及的。"

当曾经叛逆的少女不再强势，她心中那一隅阳光便冲出了海平面，在不知不觉间照亮了整个夏天。相信，往后的秋天、冬天、春天，属于青春的友谊都会常在，就像是常青藤一样，随风舞蹈。

道听途说的事情，还是烂到肚子里吧

这天语文课，语文老师突发奇想，带着全班同学玩了一个有趣的小游戏。

只见语文老师将每一列的第一排同学请到了走廊里，并对着六位同学说了同样的一句话，随后，她让六位同学回到了座位上，并宣布了游戏规则：“下面，由第一排的同学们向第二排的同学们进行传话，注意，传话时不能让第三个同学听见，以此类推。最后一排的同学将听到的话写在白纸上，写好后举手示意。”

这是一个再简单不过的小游戏了，对此，全班同学都摩拳擦掌，可是，事情的发展却出乎了所有人的预料……

游戏正式开始！

只见坐在每一列第一排的同学们急忙转身，将自己听到的话小声传给了坐在他身后的那名同学，与此同时，坐在第三排的陈语嫣早已经按捺不住了，她见李艾米转过了身，便急忙竖起了耳朵，可是听来听去却只听到了半句话。或许是怕自己耽误了时间，只听陈语嫣对着身后的同学慌慌张张地嘀咕了一句：“今天的天气真不错！”

大家一个接着一个，看起来非常有默契。直到最后一排的同学们将听到的话写在了白纸上，同学们才发现这个游戏没有想象中那么简单。只见坐在第一列最后一排的男生站起身，犹犹豫豫地举起了他的答案：“我听到的是，今天天气不错，我要吃西瓜……”全班同学笑得前仰后合，因为除了他自己，没有一个人听到这句话！

接着，第二列最后一排的女生也站起身，她似乎并不确定自己的答案，以至于说话的声音小得跟蚊子一样："我听到的是，今天天气不错，我们去游泳……"顿时，又是一阵哄堂大笑，毕竟"游泳"和"西瓜"相差了十万八千里，没有人知道，为什么会出现这样的结果。

在笑声中，冷亦风黑着脸站起身，快速说了一句："我听到的答案是，今天天气很晴朗。"别人听到的都是一句话，只有他听到的是半句话，霎时，陈语嫣停止了嬉笑，因为她意识到，后面的半句话应该是从她开始被忽略掉的。后来，紧接着的四、五、六名同学，他们每个人的答案都不一样，可以说是大相径庭。

见况，语文老师公布了正确答案，她拿出了起初写好的那张白纸，缓缓开口道："我的初始句是——今天天气不错，我们去郊游吧！"她看着同学们，意味深长地道："同学们，你们知道为什么会出现这种结果吗？"同学们你看看我，我看看你，没有一个人举手回答问题，语文老师接着道："单单是依靠听，很容易造成认知上的偏差，人们常常会在听的过程中加入自己的想法，擅自改变或扭曲句子的本意，所以，坐在最后一排的同学们，和坐在第一排的同学们所表达的句子完全不同。这也就是'道听途说'这个成语想要表达的真正含义。"

下课后，同学们自发组织又玩了一次"传话游戏"，为了避免出错，只见第一名同学放慢了传话的速度，一字一顿地向第二名同学道："山上一群狼，狼想吃小羊，小羊看到绕道走，狼没吃到羊。"

句子既长又绕口，在短时间内全部记下来非常的困难，所以同学们个个挠头抓耳，面有难色。当这段话传到了陈语嫣的耳朵里时，已经变成了“山上一群狼，山下一群羊，狼要吃羊，羊要吃狼”。“羊要吃狼？”陈语嫣小声嘀咕着，转身传给了下一个同学，可在不经意间，她说错了，她说成了“山上一群羊，山下一群狼，狼要吃狼，羊要吃狼”。最可笑的是，这段话传到最后的周小周的耳朵里，却变成了——“山上一群羊，山下没有狼，狼要吃狼，羊要吃狼。”笑得同学们直不起腰来。

晚上放学时，兰诗雅对着陈语嫣意犹未尽地说：“今天这个游戏真好玩，有机会，咱们再组织玩一次。”

“没错，我就不信邪，为什么每一次都没有办法将正确的话传到最后？难道是我们的耳朵都有问题？”

“耳朵不会听错，错误的是我们的表达。”兰诗雅想了想道，“或许，语文老师是想用‘道听途说’这个成语，告诉我们‘不要以讹传讹，人云亦云’的道理，就像是刚刚我们玩的那个游戏，我明明知道传到我那里时那句‘羊要吃狼’是错误的，但为了游戏继续，我不得不将错误的句子传递下去，所以，我们都有责任。”

听到这儿，陈语嫣忽然想到什么了，说：“诗雅，前些日子我看新闻，一个女孩不堪忍受同学的流言蜚语，逃学逃了二十多天。人们找到她的时候，她瘦得皮包骨头，已经好多天没有吃饭，奄奄一息了，真的是太可怕了！”

“最可怕的是人心，”兰诗雅喃喃道，“有的人就是这么讨厌，他们不顾当事人的感受，造谣、传谣，殊不知会在无形中给当事人造成很大的伤害。”她看着陈语嫣，严厉地道：“语嫣，你监督我，从今天开始，不确定的事情，我绝对不传给下一个人。”

“我也是。”陈语嫣举起一只手，“不造谣，不传谣，绝不诬陷他人，从今天开始，我也要做一个实事求是的人。”

没错，不实的言语很容易给他人带来伤害，所以，如不是眼见为实，还是不要轻易下定论的好，免得你也成为“帮凶”，将谣言说成了事实。

嘘！制造只属于你们的“小秘密”

兰诗雅要在这个周末去电视台参加歌唱节目的录制，只是不爱出风头的她不希望同学们和老师们知道这件事情，于是就只和陈语嫣一个人说了，陈语嫣听后，惊喜地叫出了声：“真的假的！你太棒了！”

“你小点儿声！”兰诗雅急忙做了一个嘘的手势，把陈语嫣拉到了一边，“我可告诉你，这件事情除了我的家人，只有你一个人知道，你千万不要告诉第二个人，否则……否则我会生气的！”

“李艾米也不行？”见兰诗雅摇摇头，她又问道，“孟婉秋呢？”

“无论是谁，都不行。”兰诗雅一字一顿地道，“我不想重复第二次。”

听后，陈语嫣失落地嘟起嘴：“那好吧，我答应你就是了，只是我不明白，你为什么偏偏只告诉我一个人呢？就因为我是你最好的朋友？”

“不但如此，我还想请你帮忙，”说着，她从口袋中拿出一蓝一黄两个蝴蝶结，“你觉得哪个更好看呢？”

“这要看你选择什么样的衣服进行搭配了，”陈语嫣想了想道，“我觉得只要不突兀，两个都好看。”

“那好吧……”

兰诗雅深叹一口气，将蝴蝶结放回了口袋里，恰巧这时，孟婉秋走了过来，她见陈语嫣和兰诗雅单独谈论着什么，便快步上前，兴致勃勃地问道：“你们在这里做什么？”她见兰诗雅的口袋鼓鼓囊囊的似乎有东西，便接着问道：“那里装了什么？”

“啊？”兰诗雅一愣，急忙摆摆手，“没、没什么，我先回去了！”

看着兰诗雅渐行渐远的背影，孟婉秋只好转身问陈语嫣：“语嫣，你们刚刚在说什么呢？神神秘秘的，快说给我听听！”

“我们说……”陈语嫣话说到一半，急忙住了口，“没什么。”

“不可能！”孟婉秋不识趣，依旧不依不饶。“你的脸上明明写着‘有什么’，怎么会‘没什么’呢？”说罢，她眉头一皱，“你们有事情瞒着我！我知道了，你们一定是在说我的坏话……”

“不是、不是！”陈语嫣哭笑不得，“我们大家都是好朋友，怎么可能说你的坏话呢！”她支支吾吾地解释，“我们刚刚在说……说……”

见陈语嫣支支吾吾半天也没有说出个所以然，孟婉秋干脆跺了跺脚，哼了一声：“还说我们是好朋友呢！看来，你就没有把我当朋友！”

傍晚回家的时候，陈语嫣将这件事情原封不动地讲述给了陈羽航听，陈羽航听后若有所思地点点头，说：“这件事你做得没有错，你的好朋友信任你，才会把她的秘密分享给你，你必须要保守秘密，才值得被信任。”

“可是，孟婉秋也是我的好朋友，而且她是一个非常喜欢胡思乱想的女生，她走的时候，眼圈都红了……”说到这儿，陈语嫣叹了一口气，“我为了守护兰诗雅的秘密，把她给得罪了……”

“没办法，你没有选择，”陈羽航宽慰道，“如果换作是我，我会做出和你一样的选择，就算是不被理解，我也要守护朋友的小秘密，这不仅仅是诚信，也是尊重别人的一种表现，所以，这件事情，我站在你这一边。”

没错，尊重他人，你就是人生赢家，既赢得了人心，也赢得了信任。

可是并不是每一个人都明白这个道理。隔日一大早，王子洋就神神秘秘地对着陈语嫣道：“嘿！我告诉你一个关于冷亦风的小秘密，今天早上，他又收到了两封信，如果没有猜错，一定是女孩子写给他的！”

“你怎么知道？”陈语嫣压低了声音，重复了一句，“你怎么知道是女孩写的？”

“我猜的。”王子洋打了个响指。“因为冷亦风再三嘱咐我，这件事情不能告诉第三个人，如果不是女孩子写给他的，他为什么这么紧张？”说着，他还沾沾自喜地笑出声，“我聪明吧？”

“聪明？依我看，你就是一只笨熊！”陈语嫣心直口快，一点儿都不觉得有趣，“冷亦风明明让你帮助他保守秘密，你为什么还要把他的秘密分享出来？老实交代，你还告诉了几个人？”

“就、就你一个……”王子洋即刻做出了一副苦瓜相，“和你分享，还不是因为信任你，你那么凶干什么……”

“可你有没有想过一个问题，冷亦风把这件事情告诉你，也是因为信任你，而你却失了信，又把秘密告诉了我，你觉得这么做是正确的吗？如果冷亦风知道了这件事情，他会怎么想，他还会信任你吗？”

似乎是意识到了事情的严重性，只见王子洋急忙双手合十，对着陈语嫣道：“陈语嫣，刚刚的事情就当我什么都没说，你什么都没有听见，我们把时间倒退到十分钟以前，好不好？”

“如果我说不好呢？”陈语嫣挑挑眉。

“求求你……”王子洋即刻举起了三根手指，做出了“起誓”的姿势，“我保证，只要你帮我这一次，我……我以后什么事情都听你的！”

“真的？”陈语嫣半信半疑。

“真的。”王子洋点点头，“放心好了，我一定会做一个诚信的人。”

第五章
幽默是一种智慧，它会让你变得更有趣

把自己逗笑，别人才会跟着笑

众所周知，陈羽航性格开朗，热情好客，身边的朋友小到九岁，大到九十九岁，多到数也数不清，所以，他总是有推脱不完的聚会，这不，周六晚上，他又带着陈语嫣出席一位退休教师的聚会了。

“哥！”坐在出租车上的陈语嫣愁眉不展，“你参加同学聚会带上我也就算了，参加老教师的‘退休聚会’也带上我，一想到今天晚上的主角是一位老师，我就觉得胆战心惊……”

陈羽航理解陈语嫣的不安，他宽慰道：“别拘谨，这位夏老师和其他的老师不一样。”

“老师就是老师，有什么不一样？”陈语嫣歪着头，大为不解。

陈羽航也没有绕圈子：“通常来说，老师给我们的印象就是刻板、严肃，但是这位老师，他却非常风趣、幽默，而且非常懂得替学生着想，比如中考前夕，所有的老师都恨不得让学生一天二十四个小时学习，只有他，每天让我们多睡半个小时，还在自习课上带我们集体‘逃学’。总而言之，他是我见过的最与众不同的老师。”

听陈羽航这么一说，陈语嫣还真觉得这位夏老师有点儿不一样，可是，她还有一点想不通：“为什么夏老师会邀请你参加他的聚会呢？你现在又不是他的学生，真是奇怪……”

“那是因为，我和夏老师志同道合，都很喜欢逗别人笑。”

话说到这儿，出租车稳稳地停在了餐厅门口。见况，陈羽航绅士地替陈语嫣拉开了车门，做了一个“请”的手势，与此同时，他口中的夏老师早在门口等候多时。

“小航！”夏老师人高马大，说起话来底气十足，但即便他有年轻人的精气神，也掩饰不住他眼角的皱纹和两鬓花白的头发。他见陈语嫣扭扭捏捏地跟在陈羽航身后，便爽朗地一笑：“这就是你说的‘小公主’？”

“对，这是我的妹妹陈语嫣，在家里，她就是我的‘小公主’。”陈羽航毫不吝啬自己的笑容，自然而然地与夏老师握了握手。

见况，陈语嫣小声地道：“夏老师，您好。”

“叫我‘老夏’，在这里我是你们的大朋友，不是你们的老师，怎么，我都已经退休了，你还想让我再做三十年？”说完这句话，夏老师哈哈哈地笑出了声。夏老师果然爽朗，简简单单的一句话就让陈语嫣放下了心中的芥蒂，心中的担忧也终于烟消云散了。

本以为应该是中年人的聚会，但是让陈语嫣没有想到的是，用鲜花布置的整个会场中，男女老少，各行各业的人都有——他们有的穿着西装拿着名片推销他代理的产品，有的浓妆艳抹踩着高跟鞋在做直播，还有几位穿着唐装的老人坐在餐桌前下象棋。此情此景，足以让人目瞪口呆……

见陈语嫣愣在原地踟蹰不前，陈羽航急忙笑着解释道：“我说了，夏老师是一位与众不同的老师，他和我一样非常喜欢交朋友，所以，无论他邀请了哪些朋友参加他的聚会，我都不觉得稀奇。”他拉着陈语嫣来到了正在做直播的美女身边，问道：“周姐，又在直播？”

“是啊，难得参加老夏的聚会，我当然要纪念一下。”说着，周姐把镜头移向了陈羽航，“大家好，这是我的‘铁哥们儿’陈羽航，他也是老夏邀请来参加聚会的好友哦！”

似乎是觉得自己有点儿格格不入，陈语嫣把陈羽航拉到了一边：“哥，这里的人你都认识，他们都向你打招呼，而我一个都不认识，我总觉得有点儿尴尬。”

“一回生，二回熟，”陈羽航拍了拍陈语嫣的肩，“别紧张。”

就在这时，发生了意想不到的一幕……

为了欢迎各位宾客的到来，夏老师专门准备了一个三层的奶油蛋糕，他亲自切开了蛋糕，并将蛋糕送向每一位来宾，就在他朝陈羽航和陈语嫣走来的时候，他竟脚底一滑，摔了一跤，只听嘭的一声，他的膝盖狠狠地磕在了大理石瓷砖上，顿时，现场一片哗然……

下意识地，陈羽航上前一步想要将夏老师搀扶起身，可是夏老师非但没有觉得尴尬，反而若无其事地对着大家道：“没什么，就是想给大家拜个早年，祝大家身体健康，万事顺意！”说罢，他大笑着站起身。无意中，他摸到了沾在他胡子上的奶油，又说：“顺便祝大家圣诞快乐，但我这个白胡子老头，可没有准备礼物哦！”

剧情出乎预料的发展，惹得全部来宾捧腹大笑，就这样，一个并不完美的意外被完美地化解了。与此同时，陈语嫣也终于理解到了陈羽航口中的风趣和幽默的真正含义。原来，一个风趣幽默的人，既能够把自己逗笑，也可以把别人逗笑，请问，这样的人谁不喜欢呢？

回家的路上，见陈语嫣一路抿着嘴巴不说话，陈羽航轻声问道：“怎么，不开心？”

“没有。”陈语嫣摇摇头，实话实说，“我只是在想刚刚发生的那一幕，如果换作是我跌倒了，我一定不会像夏老师那么机智幽默，完美地化解尴尬，我一定会因为羞愧而无地自容的，我……我也想成为夏老师那样的人。”

“风趣幽默的确是一个人的个人魅力，是交际场上最有效的敲门砖，但只要你想，你就可以成为一个幽默的人。”陈羽航宽慰道。

“真的吗？”陈语嫣来了兴致，“像我这种没有‘幽默细胞’的人，也可以成为幽默的人吗？”

“当然，谁都不是生下来就会跳舞。”陈羽航半开了一个玩笑，接着滔滔不绝起来，“首先，你要有一个积极乐观的心态。那些风趣幽默的人都有大无畏的心，只有自己过得轻松快乐，才能让别人也跟着轻松快乐。然后，你要扩展自己的知识面，多进行一些‘能量储备’，必要的时候，可以看一些搞笑的书籍和视频，学习他人的幽默，肚子里多点儿墨水，才知道什么时候应该幽默，什么时候不应该幽默，才能妙语连珠，游刃有余地引人发笑……”

听了这么多，陈语嫣禁不住咽了咽口水，说：“听你这么一说，幽默还真不是一件简单的事情。”

“万事开头难，还没开始，就想要放弃？”陈羽航问道。

“没有，我只是随便说说。”陈语嫣嘿嘿一笑，接着道，“还有呢？还需要注意一些什么呢？”

陈羽航继续道：“幽默必须建立在合情合理的基础上，不能为了幽默而幽默，因为幽默不是刻意的产物，而是不经意间的流露，而有的人为了幽默油腔滑调，甚至不分轻重地乱开玩笑。黎·纪伯伦曾说过一句话——幽默感就是分寸感。”

“分寸感……”陈语嫣喃喃着说，“我大概明白你说的是什么意思了，也就是说，即便是幽默也要有尺度，如果你的幽默有可能引起对方的反感，就要适可而止。”

“没错，”陈羽航点点头，“只有平等、真诚、从容地待人才能幽默，你现在，已经具备了幽默的基础了哦！”

听陈羽航这么一说，陈语嫣忽然有了信心：“我知道，我会努力成为一个幽默的人。”

“比幽默本身更重要的，是成为一个讨人喜欢、逗人开心的人。”说完这句话，陈羽航伸了一个懒腰，“明天中午我有一个小孩周岁的生日聚会，你要不要和我一起去？”

“周岁生日？拜托，你连一岁的小孩都不放过！”

“想什么呢？邀请我的是小孩子的爸爸，我曾经帮他修理过自行车。”

“……这都行？”

“嗯哼。”

夕阳下，一高一矮两个人拖着长长的影子，一路往家的方向前行，这个画面看起来十分美好。

在开玩笑面前，要时刻保持理智

提起“不苟言笑”这几个字，陈语嫣第一时间就想到了坐在教室最后一排的冷亦风。要知道，这个冷亦风平日里不但沉默寡言，而且还总是摆出一张“扑克脸”，用陈语嫣的话来说，就像是“所有人欠他五百万”一样，实在是让人不敢靠近。

可偏偏命运弄人，这天他们两个人到教师办公室里拿试卷，却被不知情的老师从门外反锁在了办公室里面，陈语嫣想哭的心都有了。“怎么办？我们总不能在这里待一节课四十五分钟吧！”

“很快就会有人来开门的。”冷亦风一如既往地冷静，语气波澜不惊。

“怎么可能！”陈语嫣加大了音量，“这一节是自习课，初一年级的所有老师都在会议室开会，而我们所在的教师办公室是走廊尽头的一间，同学们又都在教室里自习，我们就算是喊破了喉咙也不会有人听见！”

听到这儿，冷亦风犀利的眸子一瞄，问：“结论呢？”

“结论是，根本就没有人在意我们的死活。”说着，陈语嫣跺了跺脚，“喂！你倒是给我一个态度啊！怎么办，我们现在怎么办？我可不想和你锁在这里度过四十五分钟！”

“我的态度就是没有态度。”冷亦风边说边坐在椅子上跷起了二郎腿，“既来之，则安之，坐在这里看看风景也不错。”

“我真服了你了，你还有心情看风景……”陈语嫣嘀咕道，“真是一个没心没肺的家伙……”

殊不知陈语嫣的随口一说，让冷亦风产生了一丝不悦：“你说什么？”

“没说什么。”陈语嫣耸耸肩，故意和冷亦风兜圈子，“我什么都没有说。”

“不，你说了！”冷亦风冷言冷语，气势逼人。

见况，陈语嫣撇撇嘴：“对，我是说了，我说你‘没心没肺’，我还想说你像一个‘大冰块’，你能拿我怎么着？”

冷亦风嘭的一下站直了身子：“你给我闭嘴！”

忽然的训斥让陈语嫣打了一个哆嗦。“喂！冷亦风！你也太凶了吧！”她可不是吃素的，只见她上前一步，一字一顿，“我只不过是在叙述我内心的真实想法，你至于这么激动吗？再说了，又不是我一个人认为你是‘大冰块’，大家都这么认为！”

“你还说！”

冷亦风压低了声音，模样像是要吃人，形势所逼，陈语嫣只能缴械投降，无奈地叹了口气：“好好好，冷大少爷，我不说了还不行吗？真是的，一个大男人连玩笑都开不起，真无聊……”

教师办公室里又恢复了安静，只听时钟滴答滴答地走个不停，但是时间的脚步依旧不慌不忙。沉默了十分钟后，陈语嫣再一次张开口，自言自语道：“不行、不行！再这样等下去，我会疯掉的！”她看向冷亦风阳光下的侧颜，说：“喂！反正闲着也是闲着，不如借此机会，我们聊聊天吧。”

“和你？”冷亦风轻哼一声，“没什么好聊的。”

“那就聊一聊关于你的故事吧。”陈语嫣就像是没听到，自顾自地说个不停，“你以前是在哪个学校的？你是混血儿吗？你的皮肤为什么那么白？你为什么不喜欢说话？喜欢你的女孩子一定很多吧？”

面对陈语嫣一口气问出的五个问题，冷亦风只觉得自己的头快要炸开了。他冷冷地说：“有完没完？难道你是‘十万个为什么’吗！”

“人家……人家只是好奇，顺便打发打发时间……”陈语嫣吐了吐舌头，“那好，你只回答一个问题，我就保证再也不烦你了。”

或许是耐心已经到了极限，冷亦风皱着眉头吐出了一个字：“说！”

陈语嫣嘿嘿一笑，想了想道：“我想知道，你为什么那么严肃？”

“我不喜欢开玩笑，我也不喜欢别人和我开玩笑。”说罢，冷亦风转眼看向陈语嫣，“这个答案你满意吗？”

“可是为什么？”陈语嫣不依不饶，“你不觉得开玩笑是一种乐趣吗？”

“乐趣？呵！”冷亦风轻笑一声，“你有被害妄想症吧？”

“啊？”陈语嫣一愣，“什么意思？”

“你喜欢别人和你开玩笑，比如……叫你‘假小子’？”冷亦风眯起眼睛。

“无所谓！”陈语嫣耸耸肩。“我的性格本来就大大咧咧，不拘小节，就像是一个‘假小子’。我哥曾和我说，我除了名字女性化一点儿、头发长一点儿，身上几乎找不到任何的女性特征。”她看着冷亦风说，“我不排斥别人和我开玩笑，只要别太过分。”

“果然是有被害妄想症……”冷亦风嘀咕了一句，又把视线移向窗外，“莫名其妙。”

“在我看来，你才是莫名其妙呢！”陈语嫣壮着胆子道，“大多的玩笑话都是善意的，它是人与人沟通交流的一种方式，是一种友好的幽默。而你呢？总是一板一眼，我刚刚只是稍微和你开了一个小小的玩笑，你就大发雷霆，你啊，完全不懂这种幽默，可见，你的人生会缺少多少乐趣。”

“我的人生不用你指指点点。”冷亦风毫不留情，“如果不是和你锁在这里，我一辈子都不会和你说这么多的废话。”

“所以，患有被害妄想症的人不是我，而是你！”陈语嫣撇撇嘴，直言快语，“你对身边的任何一个人都有敌意，殊不知，大家只是想要和你说说话，聊聊天，想要多了解你一点儿罢了，我对你也没有恶意，而你总是恶语相向，你有顾及过我的感受吗？”

霎时，冷亦风的身子一颤，问：“我为什么要顾及你的感受？”

“因为我们是同学啊！”陈语嫣眨眨眼睛，“往后，我们还要在一起相处三年，难不成，这三年里，你要把咱们班里的每一个人当作你的假想敌吗？不许他们和你开玩笑，甚至不许他们和你说话，你不觉得，你的生活方式存在着某些问题吗？”

不得不承认，陈语嫣说的话有些道理。生活在现代化的今天，与人交流、交往已经成了日常生活中不可或缺的一部分，如果你一直紧绷着那根自我保护的神经，对所有人都保持敌意，岂不是很奇怪吗？

沉默了许久，冷亦风也没有回答陈语嫣提出的最后一个问题，此时此刻，他陷入了沉思，或许，这也是一种对于自我的审视吧……

正话反着说，语言游戏会让谈话变得更有趣

周周和周小周已经一周没有吵架了，而且这天早上，她们还是前后脚走进教室的，说成是“天下奇闻”也不为过。

只见王子洋用手戳了戳陈语嫣的胳膊肘，低着声音道：“嘿！周周和周小周……她们两个人和好了？”

“怎么可能……”陈语嫣撇撇嘴，“冰冻三尺非一日之寒，她们两个人之间的矛盾，比长江边的沙砾还要多，怎么可能说化解就化解？依我看，只是巧合罢了，你太大惊小怪了！”

听到这儿，李艾米转过头，冲着周周的方向使了一个眼色，说道：“依我看，未必哦！说不定她们两个人真的冰释前

嫌，重归于好了呢！你看，周周今天笑得多开心，嘴巴到现在都没有合上过。”

“这倒也是……”陈语嫣有些犹豫，“但是，周周和周小周怎么就一夜之间和好了呢？她们两个如果和平相处，我还真有点儿不习惯。”

“是全班同学都不习惯。”王子洋补充道。

与此同时，李艾米出了一个主意：“猜测再多也没有意义，等到下课后我们一起去一探究竟吧！”

事情的真相是怎么样呢？当周小周断断续续地讲出了事情的来龙去脉时，陈语嫣不可思议地张大了嘴巴：“你们和好了？天啊！怎么可能，这不就等于火星撞地球了吗？”

“火星虽然撞了地球，但是并没有爆炸。”周小周尴尬地笑了笑，“我也没有想到事情会朝着这个方向发展，前几天姐姐还和我说‘井水不犯河水，从此以后不相往来’这种话，今天就对我露出笑脸了……”

“所以，你都和她说了什么了？”李艾米好奇地追问道。

“也没说什么，就是赞美了她几句话，但是如果让我直接赞美她，我也觉得有些别扭，于是我就正话反说，既不尴尬，也可以明确传达我的本意，一举两得。”说着，周小周追问了一句，“你们确定想听吗？”

“当然了，”陈语嫣走上前，“我的哥哥那么博学多才，每天教育我如何为人处世，但是他从来没有向我普及过‘正话反说’这一说，我很好奇，正话反说究竟是什么意思，还有，你都说了什么？”

周小周没有卖关子，她解释道：“正话反着说，顾名思义，好听的话反着说，这是一种可以让聊天的氛围变得融洽的语言技巧。确切来说，是说出来的话，与真正想要表达的意思是相反的，把你想说的肯定句变成双重否定句，所以乍听之下这句话是否定句，但仔细一品却是肯定句。”说到这儿，她看着云里雾里的陈语嫣，问道：“这么解释，你明白了吗？”

“呃……差不多吧。”陈语嫣点点头，迫不及待地问，“然后呢？”

“然后我今天早上看到她穿了一双粉色的袜子，却搭配了一双蓝色的运动鞋，我第一次看到这种搭配，也第一次觉得粉色配蓝色是那么好看，于是我就顺口夸了她一句——你对于色彩的搭配什么时候才能不那么优秀？就是这简简单单的一句话，她竟然主动和我一起上学，还和我兴致勃勃地普及了很多关于色彩上的知识，她还告诉我她的梦想是当一名服装设计师，我敢发誓，我们这几年来第一次如此其乐融融地说了那么多的话。”

“‘你对于色彩的搭配什么时候才能不那么优秀’……”李艾米重复着这句话，“你这句话太巧妙了，正话反说，却表达出了‘你很擅于色彩的搭配，你很优秀’的意思。”说到这儿，她抬头看向周小周，“如果我听到了类似的夸赞，我的心情也一定会愉悦一整天的。”

“真的吗？”周小周有些不好意思，随之，她突然开口，“其实呢，我觉得你只有一点好，那就是什么都好！”

“你、你是在说我吗？”忽然的夸赞让李艾米有些受宠若惊，“谢谢。”

“那我呢？”陈语嫣迫不及待地等着周小周接下来的话。

“你呢……”周小周想了想，“你呢，最近总是在英语成绩上停滞不前，但是我觉得，你似乎已经不需要更进一步的空间了。”

朴实无华的语言，却在巧妙绝伦的文字编排下，变得动人心弦。

陈语嫣就是最好的见证者，此时此刻的她笑得合不拢嘴，因为很多人说她的英语成绩不错，她都觉得没有那么值得高兴，但是周小周的夸奖，却让她的好心情直冲云霄，忍不住想要笑。或许是感受到了文字的博大精深，只听她有感而发：“除了英语，我还要好好学习语文，不然，我永远都没有办法像你这样说话。”

“是啊，这样说话真的太有趣了。”李艾米赞同道，“我要把你介绍给我的好朋友，让他们也能感受到说话的乐趣。”

“太好了，我也想要结交更多的朋友。”说着，周小周看向周周的方向，“如果可以的话，也把我的姐姐介绍给你的朋友们，让他们了解到色彩的魅力，说不定，他们会感兴趣呢！”

“一言为定！”

三个原本互不相识的女生因为缘分而结识，后又因语言的博大精深建立起了深厚的友谊，这一刹那，再华美的句子也很难形容她们心中的喜悦……

敢于分享自己的“糗事”

还记得那个勇敢向陈语嫣发出“交友申请”的向多多吗？她没有开玩笑，而是真的想要和陈语嫣交朋友，这不，隔三岔五，她都故意到初一（1）班的走廊外转悠几圈，就为了和陈语嫣来一个“巧遇”。

这天，陈语嫣又在走廊里遇见了向多多，她见向多多的头上多了一个向日葵样式的头饰，便毫不吝啬地夸奖道：“你的头饰真好看。”

亲切且轻松的开场白让向多多即刻红了脸，随之，她再一次向陈语嫣发出了邀请：“亲爱的，这周六是我的生日，我想要邀请你到我的家里参加生日宴会，时间是下午三点，你有空吗？”

盛情难却，陈语嫣不假思索地答应了。只是，她做梦都没有想到，周六的下午，这个古灵精怪的向多多，给她留下了更加深刻的印象。

周六当日，陈语嫣是第一个来到向多多家的。

今天的向多多和往常一样，扎着两个可爱的丸子头，与众不同的是，她穿着公主一样的连衣裙，头上还戴着闪闪发亮的皇冠。见陈语嫣拎着礼物拘谨地站在她家门口，她便热情地把陈语嫣拉进了房间，说道：“别拘谨，我带你参观我的房间。”

粉色的墙壁、粉色的地毯、粉色的窗帘，就连公主床都是粉色的。陈语嫣说：“怪不得我总是见你穿粉红色的衣服和鞋子，原来，你是一个‘粉红控’。”

“粉红色是我的最爱。”说着，向多多神秘地打开了遥控开关。顿时，头顶上装饰的星空闪烁，垂下来的星星仿佛触手可及，让粉红色的房间显得更加梦幻了。同时，陈语嫣注意到了星河下面的照片墙，见况，她快步凑上前去，问向多多：“这些……都是你的照片？”

“对，从我出生那天起，到现在的‘成长记录’。”向多多大大方方地道，“你看这是我出生十天时的照片，我的妈妈和我说，那时候的我又瘦又小，皮肤还黑黑的，就像是一只‘小猴子’。”

“‘小猴子’？”陈语嫣憋住笑，“这也太夸张了吧，有哪一个家长把自己的孩子比喻成‘猴子’？”她指向另一张向多多坐在床上号啕大哭的照片道：“你这是怎么了？哭得好伤心啊！”

“我妈妈说，那是因为我那天一共尿了五床被子，她骂了我，于是我就哭成了那样。”说罢，向多多自己笑出了声，“现在想一想真是好笑，我到了五岁的时候，还是会偶尔尿床呢！”

“五岁还尿床？”陈语嫣不敢相信地眨眨眼睛，“真的假的？”

“真的，因为这件事，我还差点儿被幼儿园开除呢！”向多多一本正经的样子不像是在说谎，她指向了另一张照片，“这就是我五岁的时候，头发稀稀疏疏的，皮肤还是那么黑，每次我照镜子的时候，我都觉得自己是个男孩子，所以，小时候我并不喜欢穿裙子，这是我在衣柜前照镜子，我爸爸给我拍的。”

面对向多多的自我调侃，陈语嫣有点儿不理解，犹豫了许久，她才问出声：“多多，呃……你把小时候的照片都挂在了这里，不怕被别人看到吗？如果是我，我一定会把小时候的照片藏起来，因为我觉得我小时候并不好看。”

“怕什么？我经常和朋友们分享我的糗事，他们都见怪不怪了。”说完这话，她又指向了一张在游乐场里拍摄的照片，“我记得那天是我八岁的生日，我一个人坐旋转木马，却没想到旋转木马卡住了我的裤子，我的裤子破了一个大口子，所以那天，我一整天都用手捂着自己的屁股，真的很可笑！”

终于，陈语嫣没忍住笑出了声：“多多，你的童年真的是太丰富多彩了！”

“那是当然，”向多多嘿嘿一笑，“不只是童年精彩，我的学生时代也非常精彩！”她边说边从抽屉里拿出了一本画册，“小学二年级的时候我迷上了公主，于是，我开始穿裙子，并且把我的房间都变成了粉红色。为了画好公主，周末的时候我还报名参加了绘画班，可是我实在没有绘画的天赋，学了半年就放弃了。”说着，她打开了画册，只见一个不像是公主的“公主”映入眼帘——比例失调的脸，长到脚尖的头发，像是树枝一样纤细的四肢，简直是惨不忍睹……

“你的画的确是有点儿糟糕，但是看得出来，你真的非常喜欢公主。”陈语嫣转头看向向多多，“我这么说你不会介意吧？”

向多多摇摇头说：“当然不会，我常常说，实在难在这个世界上找到另外一双画画如此难看的手了，我对我不擅长画画这件事情，一点儿都不觉得难堪。而且，我不只不会画画，我写的字也像是蚂蚁在爬，歪歪扭扭的，还没有我五岁的表弟写字好看。”

听到这儿，陈语嫣对向多多有了一个全新的了解，说：“多多，我一直以为你是一个热情开朗、古灵精怪的女孩子，但是没有想到，你可爱的外表之下，竟然有着一颗敢于自嘲的心，真是让我不敢相信。”

“难道不好吗？”向多多歪着头，“坦然面对自己的缺陷，有一说一，有二说二，这才是最真实的自己，因为我不相信，这个世界上有完美的人。”

“没错，做最真实的自己才最讨喜。”说着，陈语嫣想了想，“我从来都没有向别人分享过我的糗事，因为我不希望任何人嘲笑我，但是今天，我想要和你分享一件发生在前不久的事情，你能想象到，我竟然在我家楼下迷路了吗？”

“天啊！”向多多捂住了自己的嘴巴，一脸的难以置信，“怎么……怎么会这样……”

“我也不知道，我走错了一个路口，又从另外一个路口穿了出来，忽然间，整个小区在我的面前都变得陌生了，”说到这儿，陈语嫣现在还有些心有余悸，“好在邻居家的阿姨及时出现，她知道我迷路后，就指了指后面的路口，我才恍然大悟，原来我站错了方向……”随之，她哑然失笑，“真的是太好笑了。”

“没想到你也这么迷糊呢，和我一样。”向多多笑出了声。与此同时，门铃声响起，只见她将画册塞回了抽屉里，对着陈语嫣道：“一定是我的同学来了，你等我一下，我去给她开门。”说着，她赤着脚一溜烟儿跑走了。

看着向多多欢快的背影，陈语嫣瞬间觉得自己前来参加她的生日宴会是正确的选择，因为，她真的越来越喜欢这个古灵精怪的女孩子了！

笑着化解困境，好过哭着陷入困境

人生不可能一帆风顺，在漫漫长路中，总会遇见这样或那样的绊脚石，这天，兰诗雅就彻头彻尾地理解了这句话的真实含义。

周五的早上，兰诗雅第一时间找到了陈语嫣：“语嫣，我完了，真的完了！”

“怎么了？”陈语嫣急忙放下书包，把她拉到了教室外面，“别着急，有什么话慢慢说，有问题，我帮你解决。”

“我、我明天上午就要参加电视台的最终录制了，可是今天早上我忽然发现，我准备的白色礼服的裙摆上竟然染上了一大片污渍，我一时心急，就用刷子去刷，结果污渍没有去掉，裙摆的纱被我扯掉了一大片，这件礼服，现在已经不成样子了！”

“天啊……”陈语嫣倒吸了一口凉气，“难道你没有备用的礼服吗？”

“没有，这是我长大以来第一次参加这么正式的演出，其他的演出服早就不合身了。”兰诗雅跺了跺脚，“我爸爸在加班，我妈妈已经出差好几天了，他们都不能帮我解决问题，而且，明天一早就要用，你说我是不是死定了！”说完，她竟哭了起来。

意识到了事情的严重性，陈语嫣急忙安抚兰诗雅的情绪。“冷静下来，哭解决不了任何问题。”说着，她翻了翻自己的口袋，“我一共才二十块零用钱，恐怕没有办法帮你买一条新的裙子，要不，我问问王子洋？他每天买零食，零用钱一定不少。”

“一件礼服要好几百块钱呢！”兰诗雅拦住了陈语嫣的路，“就算我们凑够了钱，明天一早就要用，什么时候去买呢？”她摇摇头，沮丧地说道：“这个办法根本就行不通……”

“那我们去问问老师吧，”陈语嫣出了一个主意，“老师是大人，他应该会有办法。”

“不要，我不希望老师知道这件事情，难道你忘了，这是属于我们两个人之间的秘密。”兰诗雅提示道，“如果你把这件事情告诉老师，我一定会生气的，再也不理你了。”只是话音刚落，她又哽咽起来，模样非常无助。

这条路也行不通，那条路也行不通，无路可走的陈语嫣也陷入了焦虑之中。忽然间，一个人出现在了她的脑子里，只见她猛地一拍手，对着兰诗雅道：“虽然这是属于我们两个人的秘密，但是事情摆在眼前，我们必须要想办法去解决，既然你不希望老师和同学们知道你的表演，那么我们可以找老师和同学以外的人寻求帮助，如果我向我哥求助，你会生气吗？”

“你是说……羽航哥哥？”兰诗雅停止了啜泣。

“没错，还有我的妈妈。她刚好今天不加班，如果你不介意的话，晚上拿着礼服到我家吧，我的妈妈很喜欢做手工，现在我家里的缝纫机还没有丢掉，我想，他们一定都会帮助你解决问题的。”

在陈语嫣的建议下，放学后的兰诗雅准时来到了陈语嫣的家，陈妈妈热情好客，不但做了一大桌子的饭菜，还专门把那台老旧的缝纫机搬了出来，这么大的阵势让兰诗雅受宠若惊：“阿姨，麻烦您了。”

“别客气，我们非常欢迎你的到来。”陈羽航边说边递上了一杯橙汁，“刚好我在仓库里找到了一些剩下的布料，我想，应该可以派上用场。”

愉快的晚餐过后，进入了紧张的缝补阶段。陈妈妈仔仔细细地测量了破损处，紧接着对着兰诗雅道：“方法是有的，我可以将外层破损的纱进行裁剪，再用蕾丝花边固定裁剪的边缘，但为了美观，我建议再加上珍珠，刚好可以遮挡几处并不明显的污渍。”

陈妈妈的一番话春风化雨般地沁入了兰诗雅的心里，让她悬在嗓子眼儿的心终于放回了肚子里。在她的眼前，陈妈妈拿出粉笔娴熟地在裁剪的位置做上了记号，紧接着，用裁缝剪麻利地将边缘裁剪整齐，这时，她拿出了准备好的白色蕾丝花边，问兰诗雅：“你觉得这个怎么样？”

“非常好看！”兰诗雅禁不住称赞，“和我的礼服很配！”

事不宜迟，陈妈妈踩上了缝纫机，伴着一阵蹭蹭蹭的杂音，破旧的老缝纫机开始了运转，也就三分钟的工夫，一圈蕾丝花边就这样缝纫好了。随之，陈妈妈将珍珠缝制在了礼服上，灯光的照耀下，礼服闪闪发亮，焕然一新。

试衣镜面前，兰诗雅看着镜子中的自己，激动到红了眼眶。见况，陈语嫣轻轻走到了她的身边：“我说什么来着，你心中的大事，对我妈来说就是信手拈来的小事，你瞧，问题就这样轻而易举地解决了！”然后，她把藏在身后的项链拿了出来，交给兰诗雅，说道：“这条珍珠项链是我在云南旅游的时候买来的纪念品，一次都没有戴过，我觉得和你的礼服特别配，送给你。”

“谢谢……”兰诗雅接过项链，感激涕零，“真的谢谢你们。”

“不用谢。”陈语嫣大大方方地摆摆手，“只是我希望你下一次再遇到类似的问题时，千万不要因为着急而哭哭啼啼，因为哭是解决不了任何问题的，笑着化解困境，才是最好的方法，再不济，你还有我啊！”

没错，无论遇到任何事情，最无用的做法就是哭，哭不仅不能解决问题，还会浪费时间和精力，让一个人丧失信心，所以，无论是福还是祸，都要笑着面对，让笑来化解困境，给你带来好运。

幽默不是口无遮拦，而是大智若愚

为了表达谢意，兰诗雅特地邀请陈语嫣和陈羽航来到电视台，让他们在现场感受一下舞台音乐的魅力，殊不知就在演出前夕，化妆室门口竟然发生了一件大事……

当时，兰诗雅刚刚化好妆容，紧张地坐在化妆室门口的休息椅上背歌词，这个时候，一个身材瘦高，身穿燕尾服的男生大摇大摆地走了过来，他见兰诗雅头上戴着花环，身上穿着曳地的礼服，禁不住笑出了声：“兰诗雅，你今天这身装扮……就像是白色的花椰菜！”

花椰菜？

兰诗雅猛地抬起头，见眼前的男生有些陌生，便眯起眼睛迟疑地开口：“你怎么知道我的名字，我们认识吗？”

“你忘记我了？我是你的小学同学，我是周辰。”周辰说罢，左右跳了跳，“上一周彩排的时候，我就看到你了，只是没来得及和你打招呼，这一次，竟然让我在这里看到你了，你说，这是不是缘分？”

与其说是缘分，还不如说是孽缘。

提起周辰这个人，兰诗雅还是有点儿印象的。想当初，他们曾做了一年的同学，在她的印象中，周辰是一个目中无人、口无遮拦的人，他总是想到什么就说什么，完全不顾及别人的感受，但不可否认的是，他有一身的音乐才能，在他十一岁的时候，他的钢琴就考到了十级，他的小提琴更是技高一筹，几次和国际大师登台演出，所以这一次在演出的现场遇见他，兰诗雅并不觉得意外。

相反，坐在一旁的陈语嫣沉不住气了：“喂！就算你和兰诗雅曾经是同学，你也不能说她的礼服像花椰菜吧！那可是她辛辛苦苦准备的礼服呢！”

见况，兰诗雅急忙把陈语嫣拉到了一边：“亲爱的，他说什么你听着就是了，我和他接触了一年，从来没有从他的口中听过好听的话，这就是他的个性，他将其称作‘幽默’。”

“幽默？”陈语嫣气不打一处来，“在我看来，他这是无理取闹，该骂！”

殊不知一波未平，一波又起，陈语嫣的气还没消，周辰又和另一位钢琴手起了争执……

周辰双手抱在胸前，坐在刚刚兰诗雅坐的那个位置上，不顾眼前的女孩眉头紧蹙，镇定自若地道：“我只是和你开一个玩笑，你至于那么生气吗？再说了，你穿着黑色的裙子，又戴着黑色的手套，远远看去就像是一只被拔光了羽毛的乌鸦，我的形容并没有错。”

“你把我形容成没有羽毛的乌鸦，还说你没有错？”情绪激动的钢琴手挥舞着手上的琴谱，气得语无伦次，“你、你这个狂妄自大、蛮横无理的家伙！”

谁知周辰不但不觉得羞愧，反而讥笑出声：“嘴长在我的脸上，我愿意开玩笑我就开玩笑，你管不着！”

听到这儿，陈语嫣再也忍不住了，她大步上前，一字一顿：“你知道你所谓的‘玩笑’，会在无形中伤害到别人吗！”“好，既然你喜欢开玩笑，那我也和你开玩笑，你今天的穿着打扮就像是‘披着羊皮的狼’！外表美好，但是内心非常丑陋！”

“你、你才是披着羊皮的狼呢！你、你是乳猪！烤乳猪！”周辰站起身，与陈语嫣对峙着。

“你慌什么？我只是开个玩笑而已，你可以说兰诗雅的礼服像花椰菜，可以说那位漂亮姐姐像乌鸦，我为什么不能说你像披着羊皮的狼？”说着，陈语嫣冷哼一声，“嘴长在我的脸上，我愿意怎么说，你管不着！”

不得不承认，陈语嫣的这招“以其人之道还治其人之身”用得真是妙，简直是大快人心！可喜可贺的是，周辰自知说不过陈语嫣，直至演出开始也没有再出现在她们的面前。坐在观众席上的陈语嫣对着陈羽航说：“刚刚你不在，如果你在的话，就能够看到我英姿飒爽的样子了！”

陈语嫣略有得意地仰起头，说：“现在，我只希望他待会儿在小提琴独奏中不要出洋相，否则，我一定会笑话他的！”

兰诗雅表演的曲目《我爱我的祖国》第一个出场，虽然是合唱曲目，但作为领唱的兰诗雅站在最前端，也唯独她穿着精致的礼服。绚丽的舞台上，只见一束光将她的全身照亮，礼服上镶嵌的珍珠在闪闪发光，那一刻，她就像从天而降的天使……

“你如仙境的村落，你如星光的灯火，如诗如画的是你，是你万里的山河，望江山的史册，展人民的杰作，方圆九州的沃土，耕耘你新的传说……”

嘹亮且清澈的声音响彻整个演播厅，让陈语嫣忍不住一起合唱，同时，她禁不住想，兰诗雅今天这么美，那个男生怎么会说她的礼服像是花椰菜呢？真是不可理喻，看来，开玩笑要有分寸，不然，一定会令人生厌的。

人生苦短，学会自己寻开心

陈羽航邀请了陆荣骏和顾北北到家里来做客，只是当陈语嫣兴致勃勃地打开家门时，却发现站在门口的陆荣骏和顾北北穿着迷彩服，背着大包小包，最夸张的是，顾北北还从寝室带来了一床被子。

“你哥呢？”顾北北不管三七二十一，把手上的东西往地板上一丢，风风火火地换上了拖鞋就往里走。跟在身后的陆荣骏就显得淡定得多，他先是对陈语嫣行了一个注目礼，紧接着不慌不忙地换下鞋子，奇怪的是，从始至终他没有和陈语嫣说一句话。

见况，陈语嫣迟疑地开口：“荣骏哥哥？你们这是……”

陆荣骏做了一个嘘的手势，随之清了清喉咙，一本正经地道："忘了介绍，我今天的身份是一位野外生存家，你可以称呼我为荣骏先生。"

荣骏先生？呵！搞什么鬼……陈语嫣心里是这么想的，但是嘴上却没有这么说："那个……荣骏先生……我哥说他在他的房间里等你们，你们……"

陈语嫣的话还没说完，陆荣骏就行了一个绅士礼，说了一句"谢谢"，头也不回地走去了陈羽航的房间。

真是莫名其妙！

看着陆荣骏和顾北北先后进入了陈羽航的房间，陈语嫣是丈二和尚摸不着头脑。要知道，这个陈羽航也不知道在搞什么鬼，从早上六点钟到现在，一直在房间里叮叮当当忙个不停，陈语嫣连着敲了好几次门，他都闭门不见。现在，陆荣骏和顾北北也神神秘秘的，真是让人费解。

与此同时，只听房间里传出了一声"快跑！"霎时，一阵慌乱的脚步声传入陈语嫣的耳朵，见况，她急忙凑到了房间门口，贴着门缝立起了耳朵，只听顾北北大喊了一声："不好！有蛇！"

蛇！

陈语嫣一惊，吓了一身冷汗，房间里怎么会有蛇呢！他们所在的位置是现代化的市区，又不是亚马孙丛林，怎么可能会有这么危险的生物呢！来不及多想，只见她抄起晾衣架急匆匆地闯进了房间，气喘吁吁地道："蛇！蛇在哪里？"

霎时，房间里的三个大男生一脸的茫然……

当下，陈羽航的房间里一片狼藉——一顶硕大的帐篷立于房间的正中央，地毯上全部都是杂七杂八的小物件，他们所谓的蛇，正是陈语嫣脚下的塑胶蛇，更令人匪夷所思的是，他们竟然把空调开到了最低，一阵凉意来袭，让陈语嫣猛地打了个喷嚏。

事已至此，已经没有了隐瞒的余地，蹲在床边用被子包裹住身体的陈羽航将计就计，对着陈语嫣道：“美丽的女士，我们是探险队的成员，我们的指南针失灵了，只能漫无目的地行走在这片荒芜的沙漠中，我们已经三天三夜滴水未沾了，你可以给我们点儿水喝吗？”

“沙、沙漠？”陈语嫣听不懂陈羽航在说什么，干脆直接问道，“你们是不是疯了！”

“或许吧……我已经饿到头晕眼花，出现了幻觉……”说罢，顾北北装模作样地倒在了地毯上，随手拾起了被揉成一团的纸巾，“如果这块石头是苹果该有多好……我们就不至于被活活饿死了……”

听到这儿，陈语嫣有了一些眉目，原来他们三个人之所以神神秘秘的，是因为在玩“生存游戏”，既然她无意地闯入了游戏中，那就见招拆招吧！见况，陈语嫣清了清喉咙：“我可以给你们足够的水，但是，请你们答应我一个条件！”

“什么条件？”三个男生异口同声。

“我想加入你们的探险队！”说着，陈语嫣挥了挥手中的晾衣架，“我有全世界最好的武器！能保证你们活着离开这里。”

就这样，陈语嫣成功加入了游戏。她手舞足蹈地钻进了帐篷里，对着正在修理“通信设备”的陆荣骏道：“现在是白天还是晚上？”

“现在是夜里十二点整。”陆荣骏看了看手上并不存在的手表，“离与总部失去联络已经过去三十六个小时了。”

“哦。”陈语嫣应了一声，接着把头伸出帐篷，“你们没有看到天上的北极星吗？北极星所在的方向就是正北，我们可以依靠星位辨别方向，所以我建议，我们可以晚上赶路，白天休息，只有这样，才能确保不在一个方向打转。”

不得不说，关键时候，陈语嫣的加入还真就帮上了忙，在队长陈羽航的一声命令下，大家收拾好行囊，踏上了前进的步伐，他们唱着高亢的歌，一路向北，终于，走出了沙漠……

午休时间，吃饱喝足的陈语嫣躺在沙发上，一脸的意犹未尽地对陈羽航说道：“哥，你们想出了这样的游戏，这也太……太新奇了。”

“是我的主意，”还坐在餐桌上的顾北北腼腆地一笑，“前几日我和室友们在寝室玩了类似的‘生存游戏’，觉得好玩，就打电话给你哥，让他提前做好准备，只是没想到，半路杀出了一个你。”

“真是的，这么好玩的游戏，你们也不叫我一起参加。”陈语嫣故作生气地嘟起嘴巴，“要不是我急中生智，用条件满足你们的需求，你们还不让我加入呢！”

“我们都以为你不会感兴趣。”陆荣骏急忙解围道，“只是没想到，最后却靠你走出了沙漠，我们都变成陪衬了。”

“所以，你们都小瞧了我。”陈语嫣得意地一笑，发自肺腑地道，“但说真的，我好久都没有这么开心了。”

“人生苦短，要学会自己寻开心，没有乐趣也要创造乐趣，要不然人生得多无趣。”陈羽航接过话，咧嘴一笑，“下一次如果还有新游戏，我一定让你第一个参加。”

“这还差不多！”陈语嫣笑着看向陈羽航，“下一次我要当队长！”

“没问题。”

第六章
用真心换真心，人人都会成为“万人迷”

最难的是，站在对方的立场思考问题

一场春雨一场暖，一场秋雨一场寒。不知不觉间，秋天在最后一场秋雨里落下了帷幕，整个城市迎来了冬天里的第一场雪。

看着纷纷扬扬的小雪，陈语嫣禁不住感叹：“往常十二月中旬才会下雪，为什么今年才十一月末就下起雪了？”她用手搓了搓冻僵了的脸，说道：“真冷，我讨厌冬天！”

可兰诗雅却不这么认为，她张开双臂，试图用手掌接住雪花，可惜雪花太小了，刚刚落入她的手掌心就融化了，随之，她喃喃道：“我喜欢冬天，尤其喜欢下雪天……”她的话还没说完，就看到周周和周小周手牵着手走了过来，见她们如此的亲密，她禁不住道：“你们……不吵架了？”

“我们早就不吵架了。”周小周微微一笑，“我们现在不但是好姐妹，而且还是亲密无间的好朋友。”

周周点点头接过话：“更何况，我们是学校里唯一一对双胞胎，这个头衔不是很酷吗？”

亲眼见到周周和周小周近日关系的变化，陈语嫣和兰诗雅从心里替她们感到高兴，可是这人世间总是一家欢喜一家忧，她们还没说完两句话呢，就因一阵吵闹声停下了脚步……

只见距离他们不到五米远的地方，几个调皮的男生正在打雪仗，他们不顾旁人异样的目光，一个劲儿地将手中的雪球砸在跑在最前面的男生身上，只听哎哟一声，男生捂着头倒在了地上。

“天啊！”

此情此景，让周小周惊呼出声，想都没想，她匆匆忙忙地跑了过去。不看不知道，一看吓一跳，只见男生的头发上、衣领上全是冰碴，不仅如此，他的额头上还有被什么击打过的痕迹。

与此同时，跟了上来的兰诗雅帮助周小周一起将男生搀扶起身，只见摔倒的男生瞪着红彤彤的眼睛，对着眼前依旧在嬉笑的两个男生大喊道：“你们两个太过分了！我要告诉老师！”

“我们难道还怕你不成？胆小鬼……”一高一矮两个男生似乎串通好了，一起冲着他做了个鬼脸，说罢，又将手中的雪球砸到了他的身上，殊不知其中一个雪球不偏不斜地砸中了陈语嫣的头，只听啊的一声，陈语嫣抱着头蹲在了地上。

“雪球中有石子！”眼疾手快的周周捡起了掉在地上的石子，对着那两个男生道，“你们真的很过分，这么做是会伤害到别人的！”

“我们高兴！”高个子的男生冲着周周吐了吐舌头，“我们喜欢。”

“很多事不是‘你们高兴’‘你们喜欢’就能做的！你要考虑到别人的感受，”说这话的是受害者陈语嫣，只见她吃力地站起身，指着自己的后脑勺道，“你们有没有顾及被你们用雪球砸中的人的感受？”

“我们只不过是在打雪仗而已，至于那么较真吗……”似乎觉得有些煞风景，矮个子的男生撇了撇嘴，“真无聊！”

见况，气不打一处来的陈语嫣以迅雷不及掩耳之势抓起了一把雪，气冲冲地大步向前，一把扔在了矮个子男生的脸上，“我虽然是女生，但是没有你们想象得那么好欺负！做错了事情就要道歉，而不是狡辩！”

强烈的不适让矮个子男生即刻后退了一步，骂道：“你神经病吧！”他猛地甩了甩头，对着陈语嫣皱起了眉头：“我又不认识你！你为什么把雪扔在我的脸上？”

“我也不认识你，你为什么用包裹着石子的雪球砸我？”陈语嫣对答如流，“你不顾及别人的感受，同样，我也无需顾及你的感受，一人打一次，咱们谁也不欠谁，扯平了！”

似乎是觉得陈语嫣伶牙俐齿的样子不太好惹，高个子的男生拽了拽矮个子的男生：“算了算了，好男不敢女斗，我们还是走吧。”

见况，周周拦住了他们的去路：“你们往哪走？今天你们不道歉，就别想走！”

与此同时，操场上已经聚集了很多看热闹的学生，或许是担心自己丢了面子，只听高个子的男生道：“我凭什么听你的？除非……”他看了看被雪覆盖的跑道，有了主意：“除非我们比赛二百米，你要赢了，我就听你的，你要是输了，就放我们走！”

“你这是欺人太甚！”兰诗雅咬牙切齿，替陈语嫣打抱不平，“男生和女生比赛赛跑，本来就不公平！”

可是陈语嫣只看了看高个子男生脚上的鞋子，就对着高个子男生道：“好，我接受你的挑战。”

比赛开始，和所有人预料的一样，男生如同一支离弦的箭一般嗖地冲了出去，相反，陈语嫣却不快不慢地跟在后面，见况，周周和周小周禁不住为她加油道：“陈语嫣！加油！陈语嫣！加油！”

可是陈语嫣就好像是没有听到一样，依旧是不慌不忙地跑着，直至跑过了一百米，她才加快脚下的步子，发起最后的冲刺。或许是感受到了来自对手的威胁，只见高个子男生也发起了冲刺，可就在最后关头，他却因为脚下一滑，猛地摔了一个满嘴吃雪，就这样，陈语嫣轻而易举地赢得了比赛。两个男生只能乖乖地像被砸的男生道歉。

回到班级的时候，兰诗雅禁不住问陈语嫣：“我看你一副势在必得的样子，就知道你一定能赢，只不过，你为什么知道他一定会摔倒呢？”

“因为他的鞋子。”陈语嫣神秘地一笑，“为了避免摔倒，我今天特地穿了防滑鞋，可是他穿的却是平常的运动鞋。我选择的那一块跑道，积雪下刚好有一块冰，我算准他一定会踩在冰上，所以就答应了比赛，这就叫作以其人之道还治其人之身吧！”

遇事别浮躁，耐心更重要

陈语嫣想吃蛋炒饭，刚好冰箱里没有鸡蛋了，于是陈羽航派陈语嫣到楼下的超市买鸡蛋。殊不知刚好赶上超市的周年庆，为了回馈新老客户的光顾，鸡蛋作为活动商品买一斤送一斤，导致超市里人满为患，光是抢购鸡蛋的客户就从街头排到了巷尾。

陈语嫣排在队伍的最末端，踮着脚尖也望不到头，当下，她就有了一走了之的冲动，可是转念一想，如果买不回鸡蛋，那今晚还要吃挂面，而陈羽航只会做一种面——炸酱面！想到这儿，她又不想走了，与其委屈自己的肚子，还不如耐着性子等待。

可是理想很丰满，现实很骨感，陈语嫣足足等待了五分钟，才挪了一小半的距离，无聊的她耐心已经到达了极限。与此同时，王子洋拎着一篮子鸡蛋，匆匆从她的身边走过，见况，陈语嫣叫出了声：“王子洋！”

听到有人叫自己的名字，王子洋转过了身，见眼前的人不是别人，正是他的同桌陈语嫣，王子洋便惊奇地睁大了眼睛：“真巧，你也来买鸡蛋？”

“明知故问，”陈语嫣翻了个白眼，紧接着对着王子洋说，“快，快帮我数一数，我前面还有多少个人。”

话音刚落，王子洋便又跑到了超市里，一个一个地仔细数了起来，他前前后后一共数了两遍，这才向陈语嫣汇报道：“刚刚走了一个人，现在还剩三十三个人，很快就会轮到你了。”

“三十三个……”这消息仿佛晴天霹雳，“那我要等到什么时候。”

“据我的观察，还有二十分钟。”说着，王子洋掂了掂手中的鸡蛋，“我来得比你早。那时候人更多，我足足等了四十多分钟呢！”

“四十多分钟，只为了买鸡蛋？”陈语嫣难以置信地张大了嘴，“王子洋，你可真有耐心。”

王子洋一五一十地道：“我最近正在研究葡式蛋挞的做法，我必须要在冰箱里囤积大量的鸡蛋，才能满足我的需求，刚好大促销，不买白不买。”他似乎想到了什么，又接着说：“要不，我先借你两个鸡蛋，明天，你再还给我？”

“我借你两个鸡蛋，明天再还你两个鸡蛋，那我岂不是还要买鸡蛋？”说罢，陈语嫣摆摆手，“算了，横竖都要买，我还是慢慢等吧，只不过我是个急性子，等待这件事情对我来说，的确是一种挑战。”

“遇事不急躁，耐心更重要。”王子洋脱口而出一句顺口溜，“我有的是时间，要不，我陪你。”

为了讨陈语嫣欢心，王子洋使出了浑身解数，一口气给她讲了三个冷笑话，虽然三个冷笑话中有两个冷笑话依旧涉及了甜品，但陈语嫣还是笑出了声，心情也慢慢变得晴朗起来。终于，十五分钟后，陈语嫣站在了柜台的最前端。

负责为顾客装鸡蛋的是一个年轻的实习生，只见她一只手扶着篮子，一只手往篮子里装鸡蛋，或许是因为客人太多，她看起来慌慌张张的，手忙脚乱，几次都差点儿把鸡蛋碰到地上。见况，陈语嫣禁不住道：“别着急，慢慢来。”可突兀的声音吓了实习生一跳，只听啪嗒一声，一枚鸡蛋掉到了地上，紧接着哗啦几声响，原本摞成一摞的篮子散落一地……

见况，实习生急急忙忙地俯下身子，殊不知因为她的莽撞，刚刚装好的一篮子鸡蛋被她的肩膀撞翻在地，霎时，鸡蛋碎了一地，还溅在了陈语嫣和王子洋的鞋子上，场面一时之间陷入了尴尬。

为了表示歉意，店长亲自为陈语嫣装了满满一篮子鸡蛋，还送了她两块巧克力，见况，王子洋笑着道：“这算是因祸得福吗？”

只听陈语嫣一本正经地回答说：“是不是因祸得福我不知道，但是我知道了一个道理，那就是遇见事情千万不能急躁，一定要有耐心，慢慢来，无论是排队，还是做任何事情，都要如此。”

没错，一颗浮躁的心总是会让人陷入困境，让小事变大，让大事变得更加棘手，唯有保持一颗平和的心，才能解决问题。就如同人们说的那句老话——心急吃不了热豆腐，性急喝不了热锅粥。遇见事情，还得耐着性子慢慢来。

忍一时风平浪静，吃点儿小亏也无妨

这天在食堂，冷亦风点了一个鸡腿，却不料一转身，鸡腿被隔壁班的一个男生拿走了，陈语嫣就排在冷亦风的后面，性子急的她急忙提示道：“冷亦风，你的鸡腿……”只是话还没说完，那个男生已经走远了。

见况，冷亦风像个没事人一样对着食堂阿姨说，“阿姨，再拿一个鸡腿。”

对此，陈语嫣大为不解：“拜托，你的鸡腿被别人拿走了，你不但不抢回来，反而又买了一个鸡腿，这不明摆着把刚刚的鸡腿送给别人了吗？”

“一个鸡腿而已，”冷亦风轻描淡写，“大惊小怪。”

“我……我还不是在为你打抱不平！”陈语嫣气鼓鼓地嘟起嘴，“要不，你也送我一个，反正多一个我也不嫌多。”

餐桌上，兰诗雅盯着陈语嫣餐盘上的两个鸡腿说：“语嫣，你今天的胃口可真好……”

陈语嫣把刚刚发生的事情说给了兰诗雅听，说罢，还不忘点评一番：“这个冷亦风可真是奇怪，平时看起来一副不好惹的样子，但是真有人占了他的便宜，他又装作一副若无其事的样子，你说，他是不是双重性格？”

“你也太夸张了吧！”兰诗雅笑出了声，“其实，据我的观察，我发现冷亦风这个人虽然做事有些刻板，性格有些孤僻，但是挺大度的。”

“大度？”陈语嫣忽然想起上一次和冷亦风被单独锁在教师办公室里的情景。“我可没有看出他哪里大度，相反，他小气得很，连一句玩笑都开不了，那天我只不过是说他……”说到这儿，她猛地住口，“反正，他一点儿都不大度。”

既然提到了这儿，兰诗雅犹豫着说出了一个秘密。“语嫣，你还记得前几天的‘黑板事件’吗？有的值日生偷懒，把黑板留到早上才擦，可是一连几天，早上的黑板都干干净净，不知道是谁做的好事。”兰诗雅看着陈语嫣说，“你知道那个做好事不留名的人是谁吗？”

似乎听出了兰诗雅的弦外之音，陈语嫣难以置信地说：“你的意思是说……那个做好事的人不是卫生委员，而是冷亦风？”见兰诗雅点点头，陈语嫣急忙摆摆手：“不可能！我宁可相信是王子洋干的，我也不相信冷亦风会做这种事。”

“是我亲眼所见，”兰诗雅一字一顿地道，“那天晚上我的文具盒落在了教室里，当我返回教室的时候，我看到冷亦风一个人在擦黑板，而且，他还再三嘱咐我说，不要把这件事情说出去，即便是我说了，他也不会承认的。”

“真的假的？”陈语嫣半信半疑，“怎么可能？我们都以为是卫生委员做的……”

“你不相信冷亦风，难道还不相信我吗？我和冷亦风毫无交集，我为什么要为了他说谎呢？”说着，她压低了声音，“当时我问他，你为什么做好事不留名，还眼睁睁地看着名声落到了卫生委员的头上，让别人占了便宜，不就等于自己吃亏了吗？你猜他怎么说？”

“他怎么说？”陈语嫣追问道。

“他说，就算是吃亏，也无法阻止他想要这么做，”说罢，她顿了顿，“我替他保守了这个秘密，也从那天开始，我开始对他进行默默地观察，我发现他向来不争不抢，无论做任何事情，都甘愿排在最后一个，所以我敢断定，他虽然外表冷漠，但实际上是一个大度且成熟的人。”

听到这儿，陈语嫣转过身，将目光投向一个人坐在角落里吃午餐的冷亦风身上，正巧这时，一个端着餐具的女生不小心碰到了他胳膊，只见他手一滑，筷子掉在了地上。面对女生的不小心，他不但没有责备，反而绅士地挪了挪座位，方便旁边的人出入，而他自己默默地换了一双筷子，继续细嚼慢咽地吃起饭来。

见况，陈语嫣道：“你说得没错，我好像错怪他了，他并不是一个自私自利的人，反而是一个豁达大度的人。”

“所以啊，不要戴着有色眼镜看人，人不可貌相，你根本就无法知道在一个人的外表之下，藏着多么有趣而可爱的灵魂。”说罢，兰诗雅笑了笑，“反正，我很欣赏冷亦风处事不惊的态度，和他相比，我小气多了，因为，我最不喜欢的就是吃亏了。”

“没有人喜欢吃亏，”陈语嫣回应道，“我也不喜欢。”

“可是，仔细想一想，很多时候，吃点儿小亏并不会让自己损失什么，不是吗？就像是冷亦风，他的一些行为，看起来是吃亏，但是却在无意间培养了他优秀的品质，我反倒觉得，他得到的要比失去的多得多。”

没错，人生就是得与失的总和，很多时候，吃点儿小亏并不意味着你一定会失去什么，相反，你的从容和大度会给自己制造福分，这种福分会让你获得更多人的喜欢和认可，这也就是人们常说的“吃亏是福”。

作为一名青少年，也要有一个豁达的心胸，不因眼前的得失而彷徨，也不因吃亏而斤斤计较，相信你的大度会让你拥有好的人缘。

先小人后君子，话一定要说明朗

今天的陈羽航不知道怎么了，回到家里就一个人躲在房间里闷闷不乐，陈语嫣见况，端着切好的苹果敲了敲门，见无人应答，便轻手轻脚地推开门，小心翼翼地问道：“哥，你没事吧？”

“没事，”趴在书桌上的陈羽航摇摇头，把视线挪至窗外，“心情不太好。”

要知道，陈羽航向来乐观开朗，他的嘴角每时每刻都是上扬的，他说自己“心情不好”，那可是第一次！一半是出于关心，一半是出于好奇，陈语嫣走上前，俯下身子关切地道：“怎么了？”

“我……”陈羽航顿了顿，深叹了一口气，“我攒的一千元压岁钱，没有了。”

“家里进贼了？”陈语嫣猛地倒吸了一口凉气，“我要去看看我的东西丢没丢！”

“不是，”陈羽航一把拉住了陈语嫣的衣袖，“我把我那一千块钱借给朋友了，可是他迟迟不还，我又没有证据证明我借给了他一千块钱，所以，这钱可能是打水漂了……”

陈羽航没有夸大其词，就在上个月月末，他的的确确把辛苦攒下的一千块钱借给了他的好朋友——毛超。毛超是陈羽航的小学同学，两个人见面并不频繁，平时连互动都很少，那一天，陈羽航忽然收到了毛超的一条短信，短信上说，他急需一笔钱，一周后保证连本带利全部归还。

陈羽航向来热心肠，朋友有难他不好袖手旁观。由于毛超急用钱，当天晚上陈羽航就把一千元现金借给了毛超，连借据都没有写。可是一周的时间过去了，毛超却像是人间蒸发了一样，杳无音讯。

听到这儿，陈语嫣急忙追问道：“然后呢？”

陈羽航回答道：“后来，我主动给他发送了一条信息，向他询问还钱的事儿，但是他却把还钱的日子推到了下一周，说下一周一定连本带利地还给我，于是我又相信了他一次，可是今天就是还款日，他还是没有把钱还给我……”

“真可恶！”只见陈语嫣猛地一拍桌子，“那现在怎么办，哥，你联系他了吗？”

“联系了。”陈羽航点点头，随之把手机递给了陈语嫣，“放学的时候我给他打了一通电话，在电话里再一次提到了还钱的事情，这一次，他非但没有说要还给我，还很不耐烦地说我小气，为了一千块钱这么斤斤计较，刚刚，他还给我发了一条信息……”

陈语嫣打开短信界面，定睛一看，只见上面写道——“你有什么证据证明你借给我一千块钱了，如果你再缠着我不放，我就报警说你敲诈！”见况，陈语嫣气得牙根痒痒：“这个世界上怎么会有这么可恶的人，亏你还好心好意地帮助他，他简直把你当笨蛋！”

“都怪我，”陈羽航深叹一口气，“如果当时有第三个人在场，或是我让他写一个借据，他也不会有赖账的想法，我也就不会如此被动了。”

“这件事怎么会怪你呢！”陈语嫣想不通，“明明是他的错，他的人品出现了问题，和你有什么关系。”

“防人之心不可无，我错在没有先小人后君子，及时保障自己的权益。”陈羽航开口道，“或许，他就是看中了我这一点，才有备而来的，而我呢？正中了他的圈套，丝毫没有退路。”

或许是意识到了事情的严重性，陈语嫣出了一个主意：“哥，我们报警吧！他不仁，就不要怪我们不义。”

“可是我没有证据，”陈羽航强调道，“就算是报了警，也无济于事。”

“那可怎么办，那可是一千块钱啊！”陈语嫣急得直跳脚，“一千块钱对于我们来说，那就是天文数字，能做很多事情的！”

“只能吃一堑长一智了。”陈羽航又叹了一口气。“如果他真的赖账，不肯承认我借给他一千块钱，那我就当花钱买了个教训，一千块钱买一个经验，也不算是吃亏。”说到这儿，陈羽航露出了一丝苦笑，“这样想一想，心情就好多了。”

“你这个人果然是心太软，怪不得人们总说‘人善被人欺’……”陈语嫣责怪他说，“如果换作我，我绝对会把利益得失说在前面，是我的就是我的，我不允许任何人因为我善良就欺负我！”

“心太软，是我的缺点。”陈羽航自省道，“就像你说的，以后再遇到类似的事情，一定要把利益得失先讲清楚，即便是面对最好的朋友，也不能碍于面子故作大度。以后啊，不管关系好不好，我一定会先小人后君子，给自己留一条后路。”

“希望你真的能够做到。”陈语嫣气鼓鼓地道，“如果下一次你再来一个‘哑巴吃黄连’，我就告诉咱妈，让她没收你全部的零用钱，看你还怎么充大款。”

“一言为定！”说着，陈羽航站起身，伸了一个懒腰，“饿了吧，走，哥给你下挂面。”

“啊？还吃挂面？”

“没办法，哥的私房钱全没了，以后，咱俩只能吃挂面了……”

“唉……”

你为什么一定要说谎？

最近几日，王子洋烦得不得了，原因是他曾经的同学洛奇遇到了麻烦。

这天午休，洛奇又把王子洋拦在了走廊里，对着他哭丧着脸道：“怎么办？现在没有人肯和我说话了，只有你肯理我，难不成，你也要像他们一样冷漠无情，把我视作空气不理不睬吗？”

“冷漠无情？”王子洋重复了一遍关键词，“依我看，是你小子自作自受，总是打肿脸充胖子。”

“我……我还不是为了有一个好人缘。”洛奇低着头，一副委屈巴巴的模样，“再说了，我又不是故意的，如果不是不小心露出马脚，事情也不会发展成这样。”

见况，王子洋深叹一口气：“要想人不知，除非己莫为，谎言终究是谎言，即便你伪装得再好，它也变不成真的。”他皱着眉头问道：“我想不通，你为什么总是喜欢说谎呢？以前喜欢说谎，现在还是喜欢说谎，难道你没有听说过《狼来了》的故事？”

“我……我真的不敢了，”洛奇小声道，“所以，这一次你一定要帮我。”

只见王子洋摇了摇头，说：“恐怕，你刚刚说的那句‘我真的不敢了’也是一句谎言吧！”

班级里，陈语嫣第一时间凑上前，对着唉声叹气的王子洋道：“你们两个到底是怎么了？最近总是偷偷摸摸见面，最后又总是不欢而散，难道……你们吵架了？”

“我可没有时间和精力和匹诺曹吵架，”王子洋脱口而出，“洛奇现在遭到了全班同学的排斥，关键时刻，他想到了我，可是祸端是他自己酿下的，我根本就没有办法帮助他解决问题。”

“你的意思说，他又说大话了？”陈语嫣的眼珠子一转，“难道，他又看见了 UFO？”

“他没有看到 UFO，而是去了一趟巴黎，看了一场芭蕾舞剧《睡美人》。”说着，他耸耸肩，“我估计，他下一次就去外太空和外星人喝茶了！”

“他去了巴黎？”蒙在鼓里的陈语嫣坐直了身，“什么时候？”

“前阵子他向学校请了一周的假，说要出远门，结果回来，就大肆炫耀他去了巴黎，看到了巴黎铁塔，还欣赏了芭蕾舞剧《睡美人》，可是同学们要看照片，他却说自己的手机丢了没有拍照片。殊不知他的同桌当场就揭穿了他的谎言，说早上还看到了他在玩手机。”说到这儿，王子洋恨铁不成钢地道，“我和他说了很多次了，千万不要说谎，他就是不听！”

“是啊，他的手机明明好好的，为什么要说谎称手机丢了呢？真是莫名其妙。”陈语嫣附和道。

“因为，他要用谎言去掩饰另一个谎言。”王子洋说出了关键点，“他根本就没有去巴黎，更没有看芭蕾舞剧《睡美人》，他只是坐火车去了一趟亲戚家而已。为了避免露出马脚，他才谎称自己的手机丢了。”说到这儿，他深叹了一口气。

听到这儿，陈语嫣终于听出了个所以然，随之，她笑出了声：“这个洛奇，为什么总是那么出其不意？没有看到UFO，偏偏说得信誓旦旦，说自己不但看到了UFO，还看到了树那么高的外星人。明明没有去过巴黎，偏偏说自己看到了巴黎铁塔，还欣赏了芭蕾舞剧《睡美人》，我真的想知道他到底是怎么想的。”

“他说，他之所以说谎，就是为了引起大家的注意，有一个好的人缘。”王子洋回答道，“我又想到了一个成语——玩火自焚！”

“可是，友谊需要建立在诚信的基础之上，只有彼此信任，友谊才能长久，他不明白这个道理吗？”陈语嫣问道。

“或许知道，又或许不知道，可悲的是，现在无论他说什么，都没有人肯信任他了，他的信誉已经透支了。”王子洋看着陈语嫣说，“别说是他的同学，刚刚他和我说‘再也不会这样了’的时候，我对他也是不信任的，好像他说的每一句话都是谎话一样，要反着听。”

“如果他真的说了真话呢？”陈语嫣又问。

“没办法，”王子洋两手一摊，“就算他说的真的是真话，甚至有证据证明他说的是真话，也已经没有人肯相信他了，因为他的脸上就写着两个大大的字——谎言，请问，有谁相信‘谎言’说的话呢？”

没错，人一旦信誉透支，就很难再得到别人的信任，即使他说的是真话，也无济于事，因为，人必须要为自己的行为买单，曾经的你用谎言伤害了别人，多年后，这些谎言也会伤害你自己，这是一个因果循环。所以，亲爱的少年，无论何时何地，千万不要说谎哦！

温柔一点儿，谦虚一点儿，可爱一点儿

成长的过程当中，总是会经历一些坎坷，遇见一些人，想明白很多事。

对于陈语嫣来说，她在成长的过程中，收获到的不仅仅是几个知心好友，还有她渐渐温和的性格，用陈羽航的话来说——她在不知不觉间完成了完美的蜕变，以前她是一只蜇人的毛毛虫，而现在，她已然破茧成蝶，翩翩起舞了。

最替陈语嫣感到高兴的，是她的好朋友兰诗雅。这个周末，兰诗雅对她说：“以前你和我说你要考艺校，当艺人，我还以为你在开玩笑，但如果现在你还坚持你的梦想，那么我相信，你一定可以成功的。”

“不，还远远不够，”陈语嫣难得地谦虚了一下，“据我的观察，那些深受人们喜爱的明星们，无论是演员还是歌手，他们不但有一身才艺，还有一个讨人喜欢的性格，或是活泼直爽，或是沉稳大气，总而言之，他们不像我这样毛毛躁躁、咋咋呼呼。”

“可是现在的你一点儿都不毛毛躁躁。”兰诗雅看向她今天穿的水蓝色连衣裙和白色的小皮鞋，“你青春靓丽、优雅得体，就像是一个大家闺秀。”

“真的吗？”陈语嫣竟有一些不好意思，“这是我第一次和小学同学出来玩，所以，我希望所有人看到我的改变，我不想

再听到他们叫我‘假小子’了。”

兰诗雅盈盈一笑，说：“我想，他们一定会大吃一惊的。”

动物园门口，李月和许帆早已等候多时，见兰诗雅不慌不忙地走了过来，男生许帆扶了扶眼镜，故作严肃地对着她道：“你比约定的时间晚到了三分钟！”他看了看四周，又说：“那个‘假小子’陈语嫣呢？你们没有一起来？”

陈语嫣嗖的一声从男生的身后蹿了出来：“嗨！我在这儿！”

“你是陈语嫣？”短发女生李月难以置信地眨了眨眼睛，“你怎么……变样了？”

“头发长了点儿，”陈语嫣晃了晃高高扎起的马尾辫，“皮肤也白了一点儿。”

“不是。”李月摇了摇头。“我是说你整个人的气质都变得不一样了，变得像女孩子了。”说着，她看向身边的许帆，“拜托！陈语嫣刚刚就站在你的身后，你一点儿都没有察觉到吗？”

“完全没有，我只察觉到一个蓝色连衣裙的女生和我擦肩而过，但是我做梦都没有想到那个女生会是陈语嫣！”说罢，许帆转头看向陈语嫣，“真是太不可思议了……”

尽管在预料之中，但面对昔日同学的夸奖，陈语嫣还是有一些不知所措，可就在这时，意外发生了……

当下，两个五岁大的小女孩在动物园门口的售票处你追我赶，不知是有意还是无意，其中一个穿着红裙子的女孩径直撞到了陈语嫣的身上，只听砰的一声，陈语嫣重重地摔倒在地，而且女孩手中的冰激凌不偏不斜地蹭在了陈语嫣的裙子上。

“天啊！”

兰诗雅急忙把陈语嫣搀扶起来，李月也慌慌张张地递上了纸巾，她见小女孩非但没有道歉，反而号啕大哭，禁不住皱起了眉头：“拜托，是你先撞的人，我同学的裙子都被你弄脏了，你哭什么！”

见况，陈语嫣急忙拉了拉李月的背包，示意她不要激动。“没关系。”她笑着说。“裙子脏了可以洗，人没有受伤就好！”说着，她走到了女孩面前，“你哭什么？难道我没受伤，你反而受伤了？”

“我的冰激凌！”女孩指着地上的冰激凌，“你赔我冰激凌！”

“小朋友，你也太不讲道理了，”急性子许帆禁不住插言道，“是你自己不小心，你为什么要怪别人？”

“我不管！”女孩干脆坐在了地上，撒泼打滚，“我不管，我就要我的冰激凌！”

与此同时，很多不明真相的路人聚集了过来，他们见几个学生欺负一个女孩子，纷纷对他们的所作所为指指点点。见况，兰诗雅一脸尴尬地道：“算了，要不我们就给她买一个冰激凌吧，不知道的，还以为我们是坏人呢。”

“那可不行，明明是她的错！”李月坚持己见，就是不服软。

这时陈语嫣不顾众人异样的目光，深吸了一口道：“那好，我赔你一个冰激凌。”

猛地，女孩停止了哭泣，眨巴着眼睛看着陈语嫣问：“真的？”

“真的。”陈语嫣点点头，一字一顿地道，“但前提是，你要先赔我一条裙子，因为我的裙子是被你弄脏的。”

听到这儿，女孩又嘟起了嘴道：“我没有钱。”

“你的家人呢？”陈语嫣接着道，“你没有钱，那就让你的爸爸妈妈赔给我一条裙子，你没有办法为你的错误买单，那就让你的父母和我协商解决吧！”

不知道是觉得陈语嫣说的话有道理，还是担心这件事被自己的家人知道，女孩想了想，一个鲤鱼打挺爬了起来，一溜烟儿地跑远了。见况，兰诗雅冲着陈语嫣竖起了大拇指：“真有你的，如果换作是我，我肯定赔给她一个冰激凌，息事宁人。”

“如果是我，我早就走了。”许帆道。

“可是我不是你们，我觉得处理问题的最好方法就是以理服人，只有让对方心服口服，才会完美地解决问题。”说着，陈语嫣低头看向裙子上的污渍，“只可惜问题解决了，裙子却脏了。”

这时，李月指了指不远处的洗手间，“趁着时间还早，不如我帮你简单处理一下吧，用水洗净，再用烘干机烘干，污渍就会不见了。”

“这是一个好主意！”陈语嫣莞尔一笑，和李月一起离开了。

站在原地的许帆对着兰诗雅道：“陈语嫣真的变得不一样了，和以前相比，她变得温柔了，可爱了，还谦虚了，在处理问题的方式上，也委婉了很多。”他又好奇地问道，“你们在中学究竟发生了什么？”

“其实……也没什么。”兰诗雅卖了个关子，“只不过，语嫣找到了属于自己的梦想。”

“什么梦想？”许帆好奇地问道。

“这个嘛……”兰诗雅嘿嘿一笑，“那就是我和她之间的秘密了。”

学会表达，你就会拥有整个世界的快乐

继陈语嫣之后，变化最大的就属孟婉秋了。

那个用长长的斜刘海挡住疤痕，总是低着头不说话的女孩子，竟然鼓起勇气参与了校园小记者的竞选。竞选的当天，她抬头挺胸地站在演讲台上脱稿说出了自己的竞选词，她从容不迫的举止加上妙语连珠的口才，获得了老师们的一致好评。

走下讲台，孟婉秋冲着陈语嫣拍了拍胸脯，呼了一口气：“我觉得我的心脏快要跳出来了，好在有惊无险，没有忘词，也谢谢你肯陪我一起参加竞选，如果不是你坐在台下，我可能会更紧张。”

“别胡思乱想，你刚刚的表现是当之无愧的‘全场最佳’！”说着，陈语嫣微微一笑，“你一定会梦想成真的！”

这时坐在陈语嫣身边的一个女孩子怯怯地出声：“你好……你刚刚的表现真的太棒了……”

“啊？”孟婉秋一愣，即刻摆摆手，“没有、没有，我也很紧张，生怕忘了词。”

“可是……可是你的表现非常完美……”女生深吸了一口气，看起来藏着心事，“和你相比，我逊色多了，我没有自信，没有朋友，也不会说话……一想到等一下要在这么多人的面前说话，我的手就紧张到发抖……”

听到这儿，陈语嫣总算是明白了一二：“你也是参与竞选的选手？”

“对。”女生点点头。“我……我也想成为校园小记者，我的妈妈说我的胆子太小，成为小记者可以有机会和更多的人沟通，锻炼自己的胆量，交到朋友……”说完这话，她咽了咽

因为紧张而滋生的唾液，“可是我没想到，参与竞选的同学这么多……”

“不要怕，你要学会挑战自己，”孟婉秋接过话，“我以前也是一个没有自信的女生，但是我慢慢发现，除了你自己，没有任何人可以给你自信。交朋友也是一样，如果你不主动表达，也不会收获别人的喜爱。”

“学、学会表达？”女生说道，“我不明白……”

“简单来说，就是打开自己的内心，真诚地与人交流，用你的积极、乐观、善良去感动他人，通过你的表达，让对方感受到你满满的爱意，从而，对方会回馈给你更多的爱意，这种爱就是朋友之间的情谊。”说着，孟婉秋扭头看向陈语嫣，“这些都是我的好朋友教我的，她现在可是我们班级的‘交际大师’。”

似乎是有了一丝心灵上的触动，女生转头看向陈语嫣：“从来都没有人教我这些道理，这就是我没有自信，交不到朋友的原因吗？”

陈语嫣想了想回答说：“以前我和你一样，也因为交不到朋友而烦恼，后来，我找到了自己的问题，那就是我的表达方式总是过于直接、强势，再后来，我慢慢改正了自己的缺点，并尝试着用委婉的语言说话。我发现，交朋友其实是一件非常简单的事情，学会站在对方的立场思考问题，学会主动付出，就会得到你想要的友谊。”

“就这么简单？”女生半信半疑，“我总是觉得，我自己存在很大的问题。”

“我作证，就是这么简单。”孟婉秋接过话，“交朋友是自然而然发生的事情，因为真诚不需要伪装，你只需真心实意地和对方交流、沟通，对方就会感受到你的善意，我就是这样交到朋友的。”

“所以，表达真的很重要，我的缺点，是不敢去表达？”女生问道。

“可以这么理解。”陈语嫣点点头。“毕竟人与人的交往之中，交流是必不可少的一个环节，你的表达不仅会显露出你的性格，还可以传达各种各样的信息，对方可以从你短暂的表达中感受到这些信息，而决定要不要和你交朋友，所以，无论如何，都要学会表达自己。”说罢，陈语嫣看向演讲台，“你看，演讲也是表达的一种方式，通过演讲，老师会看到你的能力和你想要成为小记者的决心，从而了解你是否适合加入校园记者站，所以等一下你的演讲，一定要好好加油哦！”

陈语嫣的一番话就像是给女生打了一剂强心针，顿时让她信心大增。“我会的！”她站起身，做了一个深呼吸，“我一定会好好演讲，表达我想要加入校园记者站的决心！”说着，她冲着陈语嫣和孟婉秋莞尔一笑，说了一句“谢谢你们”，就迈开步子朝着等候区走去，这一路，她都没有回头……

没有人知道这个女生是否会如愿以偿，就像是没有人知道自己的未来一样，但有一件事情可以确定，那就是当她学会了如何表达，她就会收获更多的快乐，至少，她可以交到很多好朋友。

学会爱自己的同时，也要学会如何去爱别人。

语言是表达爱的一种最直接的方式，千万不要像过去的陈语嫣，把语言当作匕首，伤他人的心；也不要学习过去的孟婉秋，总是用胶带封住自己的嘴，不敢表达自己的爱，而是要学会用正确的方式表达你的想法，同时，传递给他人你的善意。

想要拥有更多的快乐吗？那就是勇敢地表达最真实的自

己吧！

多年以后，这些光阴的故事都会被封存在名为“时光”的书籍中，存在于某个章节、某个角落。当你静静地翻开这本书，你会发现很多有趣的故事，故事中，你是不是主角并不重要，重要的是，你收获了一些难忘的回忆和谁也偷不走的快乐。

那些美好的瞬间会告诉你，成长，不管你愿不愿意，它都会改变一些东西，它会让你变得更加理性、更加温柔、更加善良、更加惹人喜爱。